# 殘（9F6B）酷（8D93）日（93FA）本（967B）

湯（9392） 禎（92F5） 兆（929B）

## 推薦序



## 災難之後



## 青春迷戀



# 殘（9F6B）酷（8D93）日（93FA）本（967B）

## 月的暗面



## 就活百相



## 動漫內核



## 後記



## 附錄

# 揭開AKB48與村上春樹的另一面相——讀殘酷日本有感

林水福（南台科技大學教授、台灣石川啄木學會會長、台灣芥川龍之介學會會長）

## 台灣的日本觀察缺的就是這一塊

台灣與日本的歷史淵源或者說糾葛，姑且不談。僅就地理位置與產業經濟的相互依存而言，類似台灣與中國大陸的關係——無論如何也擺脫不了！

這無關藍綠，且與傾中、傾日或媚美的意識形態無涉。

儘管台灣有幾十所日文系，八個日本研究中心，對於日本通俗流行文化，始終少人耕耘，或雖有些許成果，然而由於絕大部分的報告或論文使用日文發表，反而在學界與社會之間築起一道高牆。社會欣賞不到高牆內的繁花綠葉，高牆內的學界也不知社會今夕是何夕？語言本是溝通的橋樑，現在反而變成溝通的阻礙！

湯禎兆這本《殘酷日本》正好稍可滿足或者說填補這方面的不足與缺陷。

為什麼我的標題是「日本觀察缺的就是這一塊」，使用「觀察」而非「研究」呢？因為它不是學術論文或報告，沒有艱深難懂的專業術語；而且他的「觀察」，是主觀的，甚或是「偏見」，反而洞見表象背後的「真相」。

## AKB48的成功術與殘酷面

AKB48現象非但未衰退，還向海外如台灣、韓國等地招募人才，注入新血。其主要用意當然是企圖擴大影響力。AKB48「成功」的主要原因當然是操盤手秋元康。秋元康從二〇〇九年至二〇一二年為止擔任日本作家協會會長，二〇二〇年的東京奧林匹克組織委員會理事，看來秋元康的影響力還會持續一段相當長的時間。

AKB48的成員，如果個別看待，實在沒什麼特色，就跟鄰家你我熟識的女孩沒什麼兩樣。不錯！秋元康本來的意圖就是你我一起打造「偶像」；而這對象就是本來並不特別出眾的鄰家女孩。

但這樣的女孩如果置於一九八〇年代，她們肯定沒有機會。

一九八〇年代的偶像，如松田聖子、河合奈保子、柏原芳惠、松本伊代、小泉今日子、堀ちえみ、三田寬子、早見優、中森明菜、藥師丸ひろ子、原田知世、菊池桃子、工藤夕貴等雖非絕世美女，但歌藝出色，面貌不俗，一眼就可認出脂是誰。她們之中除了中森明菜因夫婿關係有些負面評價，其餘都評價良好。有些現在還活躍於電視節目上如柏原芳惠等；松本伊代成立媒體經紀公司，幹得有聲有色；松田聖子還出現最近的紅白節目裡，有時跟她的女兒一起在電視裡亮相。至於藥師丸ひろ子和菊池桃子拍過多部電影，小泉今日子活躍於影視圈，讀者應該不陌生。

她們離開原來的經紀公司，不但可以存活下來，相當多人還發展得有聲有色，其主要理由是她們各有各的特色、才藝，具備「獨立」的條件。

反觀現在的AKB48，雖有四十八人，除了少數幾個，認得出幾人？身高差不多，面貌屬於大眾臉。少數票選擠到前頭的，其相貌只能用「平凡」兩字形容。如果不是掛上AKB48的招牌，誰理？基本上她們是沒有辦法獨立的「團體分子」，只能附屬於團體，一離開團體，能存活下來的少之又少。

這麼說她們又如何能闖下一片天呢？因素非一，除了秋元康靈活運用多元而豐富的媒體關係之外，與行銷策略有莫大的關係。內部方面，要能闖出頭，需要從層層的競爭中勝出始有機會，自然形成一種自我督促的向上力量。

利用票選方式，是一種來自外界的壓力，也測試成員的外援（緣）關係。而粉絲們感覺自己也參與了「栽培」或「製造」偶像的活動，不但拉近了與偶像之間的距離，也產生了「一體感」。有了「一體感」之後，愛護之心油然而生。

與偶像的握手活動，當然也是拉近粉絲與偶像的距離；而這些活動背後的另一目的，就是賺錢。

《殘酷日本》裡的〈AKB48的紀錄現象學〉提到曾在日本及台灣放映的《AKB48夢想起飛》與《AKB48永遠在一起》二部紀錄片；開頭表演的〈*Heavy Rotation*〉是一首單戀歌曲，對單戀予以祝福，使用「僕」即（我）的的一人稱，「正式把歌者與聆聽者腳色位置重疊的構思，於是帶出攜手肯定世界的美好願景來。由此牽引出AKB48最明顯的現象學，就是經常把物我一體化。……」這裡所說的物我一體化，也就是一體感之意，被應用在種種相關活動中，緊緊拉住粉絲的心，也不斷讓粉絲掏出口袋裡的money。

無論面貌或歌藝原本不是特別好（這該是秋元康的策略）的AKB48成員，她們如果中途被淘汰或畢業之後，離開這個團體，往往回不去未加入之前的平靜、沒沒無聞的生活，物質享受的差距也不容易適應，因此，已有不少人投入AV世界。

「AKB是AV的養成班」，這種說法或許言過其實，但這樣的警訊值得有心往這方面發展的少女及家長們傾聽！

# 從輕小說出發的村上春樹的變調

這幾年每到諾貝爾文學獎公布的日子，最緊張的莫過於日本，其次該是台灣了。淡江大學成立世界唯一的村上春樹研究中心，每年舉辦村上春樹國際研討會，今年（二〇一六）剛剛舉辦過第五屆研討會，發表論文人數之多應是近年來至少在日文學界是最大型的研討會。當然每年都邀請日美等國重要的村上研究專家，及多國村上翻譯家與會。

臉書上不時看到臉友引用村上的句子，甚至不少廣告也借用村上的文句。「遇見百分之百的╳╳╳」「小確幸」應是最常見的句子了。村上的台灣讀者很多，擁護者也不少。

這幾年，儘管諾貝爾文學獎公布之前村上往往是最被看好的熱門人物之一，但幸運之神總是與村上擦身而過。已有不少日本評論家針對村上文學的缺失發表文章，國內尚無人引介，知道的人應該不多。

八〇年代村上龍和村上春樹兩個從大眾小說出發的小說家常被一起討論。那時候稱為大眾小說或流行小說，現在則稱為輕小說。猶記得村上春樹剛出道時風靡一時的《挪威的森林》，被歸類在大眾文學，已停刊的《國文學》雜誌未特別介紹村上春樹。如本書中說的「……村上春樹及村上龍等作家，已逐漸由日本原先冒頭的流行作家位置，逐步走向成為嚴肅作家的方向。」《1Q84》之後接受訪問「直言要處理後冷戰的世界」但村上又表明：「現今世界是否就是現實的世界，我時常抱持懷疑的態度。」意即，村上春樹是在作品中探索另一重世界的存在狀況。換言之，並不一定是對現實的直接回應，如《1Q84》是「對現實情況的藝術回應」。

本書舉出春樹的幾個缺點，其一是剛出道時八〇年代的小說，瀰漫輕逸散漫氛圍，讓作者、讀者、所有登場人物都感覺良好，誰也不會受到傷害，作者引用作家穗村弘的話：「這種疏離術正是他的巧妙技術。而回到現實」讓他「墮入過分敏感的歇斯底里症中」。《挪威的森林》正是這樣的寫法。

其二情節的雷同或重複。舉《沒有女人的男人們》為例，說明除〈木野〉一篇，其餘各篇情節設定大致相同。作者近一步舉《沒有色彩的多崎作和他的巡禮之年》對照說明，最後結論是《沒有女人的男人們》是《沒有色彩的多崎作和他的巡禮之年》的「殘物處理」下的「新作」。

本書還揭露宮崎駿的「自私本質」與內部問題等，也對日本年輕人憧憬東京所面臨的困境，迷失有所剖析；還有日本正流行的小說的「導覽」等。對於習慣正面看待日本的讀者，或許會有些不習慣，甚至抱不平也說不定。但提供對日本的另一種看法，值得肯定。

# 獻給焦慮不安世代的未來啟示錄

銀色快手（日本文化觀察家）

無論小說的出版、影視作品、動漫與電玩，無不呈顯新世界的住民們內心嚮往的美好想像與關注的存在焦慮和情感需求。

在《進擊的巨人》從殘酷的三次元世界轉化為二次元的生存戰鬥，同為動漫作品改編成電影的《要聽神明的話》和《暗殺教室》也清楚地揭示殘酷世界的救贖之道與自我解放的意志抉擇。

本書作者透過伊坂幸太郎的作品群來解析此一現象。適者生存的終極原則，在訊息混亂情報社會下，必然產生適應不適者。自奧姆真理教乃至新宿無差別殺人攻擊，非日常與日常之間界線完全模糊，不僅僅是村上春樹在《1Q84》想要探討和處理的課題，也是台灣社會經歷鄭捷案和內湖殺童案所要追尋的社會病因。當社會結構出現巨大轉變的同時，帶著排斥基因的反社會人格分子成不定時炸彈卻無從防範，迫使人們重新思考生命的無常與隨機殺人的潛在威脅，是否如湊佳苗在小說情節中一再提醒讀者，在冷漠疏離的時代氛圍下，惡意無所不在，而我們也只能依賴「小海女」式的熱情來擁抱充滿無常的人生，透過《孤獨的美食家》這種小確幸以及《深夜食堂》來療癒受創的心靈。

這些作品背後是日本人最幽微的黑暗角落，說不出來的故事反而最想被聽見。這些蛛絲馬跡透過湯禎兆精準的解構分析，脈絡爬梳，如今交付在讀者面前，彷彿知識的火把在字裡行間傳遞著，但願這溫暖的火光也能如實在你心中點亮黑夜——人生不是以殘酷終結，而是以希望作為下一個階段的開端，看看日本，想想我們，未來的台灣將走向何種命運，那掌舵的心念與意志全靠我們國民全體的想像力，借鑑日本經驗只為贏得更多跟時間賽跑的籌碼。

誠摯推薦這本好書，它是獻給次世代的未來備忘錄。

# 災 (8DD0) 難 (93EF) 之 (9456) 後 (8CE3)

## 種族滅絕——災難時勢下的潮流小說

於暢銷流行小說的範疇而言，高野和明的《種族滅絕》可說是日本近年十分成功的代表作。既在日本不少書籍排行榜上長佔首位，又得到第六十五屆日本推理作家協會獎。而在讀者心目中最準確的人氣指標「本屋大賞」中，則於二〇一二年度僅屈居在三浦紫苑的《啟航吧！編舟計畫》後成為亞軍。

如果我們回到是書在日本出版的時空二〇一一年審視，當年的大事自然是三一一東日本大地震，而官方提供的直接受災死亡及失蹤人口數字接近二萬人，故此《種族滅絕》不可能沒有一種情境上的對照聯想。從現實的出版流程來考慮，書在三月三十日出版，當然不可能在地震發生之後再作任何改動，內容本身和海嘯地震的關連不大，但從讀者的角度出發，小說的出現的確有一種「災難小說」的適時性存在，而小說的樂觀積極結局，某程度也可以提供一種治癒性的心靈撫慰作用。

## 三一一的切入角度

提出從三一一角度去閱讀《種族滅絕》也非全無因由。圓堂都司昭認為當時日本的總理大臣菅直人，正好被社會廣泛批許為救災反應遲緩，再加上又有包庇東京電力之嫌，於是一口氣把日本人對官商勾結以及反權力的意權釋放出來。社會上冒起大規模的民間自救運動，可說是直承自一九九五年阪神大地震後的經驗，從而更有系統透過網路傳訊而組織起來，展示一場漂亮的公民互助行動。

這種小人物被無形的體制，乃至說不盡的「老大哥」（用喬治歐威爾《1984》的說法）在背後操控左右，正好就是《種族滅絕》中的核心主題。小說中的兩名主角，一是傭兵葉格，他為求高薪去救身患絕症的兒子，於是接受了不知名的危險任務，需要參與一場殘酷的殺戮遊戲，背後的黑手正是作為全國權力中心號令者的美國總統。至於身在東京的一名普通藥學研究生研人，也是看過父親遺書後，成為孤身努力去為開發新藥奔波的一員，而新藥正是葉格兒子求存的唯一盼望所在。小說刻意營造的，是不同身分與類型的小人物，在今時今日即使同處一時空，但在網絡控制無遠弗屆的情況下，早已進入不由自主的人生軌道，往往成為權力系統左右下的一枚棋子，淪為殺人工具有之，甚或連自己性命不知不覺「被犧牲」了也無從反抗。

由是觀之，三一一表面上雖然是一場外來的災難，但究其實與日本政府與東京電力有千頭萬緒的關係，當中不可見的隱型操控，早已左右了彼此的日常生活乃至生死條件。一旦不可見的連繫，以可視化的形式「暴露」於公眾面前，大家才恍然大悟。三一一的外在災難正好肩負起把牽連的黑幕予以披露的功能，此所以在三一一之後的日本讀者，拿起這本用心經營且份量沉重的災難小說來看，自然就會喚起多角度的聯想而生出一浪接一浪的共鳴同感。

## 小人物聯盟

我覺得有趣的是姑且勿論小說中的情理是否暢順，但高野和明在《種族滅絕》以小人物聯盟的方式，去抵抗美國作為全球操控者的指令，應該屬作者主觀上的樂觀詮釋。葉格選擇抵抗命令，結果惹來殺身之禍，但最終竟然可以成功與同伴劫機逃離險地剛果叢林，甚至安然與妻兒重聚。與此同時，身在東京的研人竭盡所能之後，也得以把及時開發的新藥，透過友人送抵葉格家人手上。凡此種種，結合他們身旁的不少正面人物角色，顯然就是一種集民間志願者眾志成城之力，去抵禦無形的「老大哥」的迫害想像。

我覺得以上這一點，某程度是貫穿在日本流行文本中的時代精神。正如我曾分析吉田修一的《平成猿蟹合戰圖》，中心訊息正是把弱者組織起來，從而反抗強者欺侮的主題。小說把酒吧跑腿純平、牛郎朋生、大提琴家湊，乃至其他弱者聯盟成員如美月、友香及佐和等逐一連繫起來，從而對廣義上的「政府」幕後操控予以反擊——當中包含城鄉的對立與生死變化，媒體的操控播弄乃至文化藝術的生存空間等等，均屬活於此時此地的弱者制肘局限。要留意的是《種族滅絕》及《平成猿蟹合戰圖》同屬於二〇一一年在日本出版的暢銷小說，可見背後那一種對權力系統徹底的不信任，以及弱者必須結合組織起來的求存掙扎意識，幾已成為一種民間的時代共識，與日本的志願者組織的日趨龐大及系統化進程，可說是平行而先且互為表裏左右互動。

回頭說來岔開一筆，高野和明本身是編劇出身，而且《種族滅絕》的電影感也人所共見——基本上來說，閱讀此長篇鉅著和看一齣好萊塢的大製作分別不大，三線劇情的緊湊相連互扣（美國總統的幕僚群戲、傭兵在剛果前線的生死角力，以及科學家在東京的分秒追逐），已屬非常典型且精確的劇本設計。再加上在「本屋大賞」排名又高（此屬日本電影改編小說的最精準指南，大部分得獎作均迅即獲青睞），改編成電影應屬指日可待之事。然而反過從現實來看，一眾在前後成名的作品早已搬上銀幕，而《種族滅絕》仍未見動工，正好帶出小說過分「好萊塢化」的反效果。簡言之，今時今日的日本影壇，根本已無力去開拍製作一齣規模如此宏大的野心災難作，標榜「國際化」的災難小說，反過來因「國際化」制肘而無力透過影像去擴展影響力，到頭來未嘗不是一種終極諷刺。

## 商場化的角度

另外，圓堂都司昭提出從「商場化」的角度，來審視《種族滅絕》的可能性。日本對「商場化」的研究方興未艾，文化研究學者速水健朗在《都市與消費與廸士尼之夢——商場化的時代》直陳今時今日作為「成熟」都市的特質，基本上乃結合了人口、產業及商業運作的各項元素，從而建構出人民需要的生活空間場所，簡言之把商場化作為都市的定義也絕不為過。日本學者甚至自鑄新詞，把「商場化」（Shopping Mallization）定性為新興的都市現象內加以研究。

《種族滅絕》小說基本上就是游走於美洲（美國的黑手政治）、歐洲（葉格兒子的求生盼望）、非洲（傭兵的生死戰場）及亞洲（日本的醫療探索）等地的「大製作」，表面上好像與「商場化」的角度風馬牛不相及。其實圓堂都司昭的所指，正是在今時今日全球化的環境，無論大小不一的連繫，均無形控制地把不同人的命運連成一體。

## 無遠弗屆的本質

在《種族滅絕》中，有一段針對研人的老家所在，位於東京市郊的錦系的描述：

錦系町是東京都內距離千葉縣最近的一座不夜城。這裡不同於新宿或澀谷，由於住宅區就在旁邊，因此兼具遊樂與日常購物的機能。這裡既有擠滿老字號酒館的傳統鬧區，亦有販賣生活必需品的超市、附設有電影院的現代化購物、以及有能力邀請第一流管弦樂團進駐表演的音樂會場，可說是集各種文化與風俗於一身的綜合型都市。

表面上看來，以上好像是城市導覽網站說明式的文字，和情節的關連好像無甚關連，可是細心一想，就可以窺察到內裡乾坤。圓堂都司昭的所指，正是一種借「商場化」特質投影出來的無遠弗屆影響。事實上，研人從老家中尋到父親的遺書，然後逐步牽涉入一場國際化的世紀陰謀來，從性質上而言也正好就是錦系町的投射化身。本來位處一角的東京市郊市鎮，因為「商場化」的進程，日益與世界尖端接軌，現實中錦系町的Olinas商場也正是一龐大的「商場化」企劃成果。上文所及的「有能力邀請第一流管弦樂團進駐表演的音樂會場」，變相地也成為走在世界最新的象徵。此所以研人本來平常不過的科研日常生活，也可以在瞬間逆轉，化成為與美國總統府內直接扣連的世紀機密連繫，當中的時代特質正是以此為據鋪陳而成。

不過圓堂都司昭的「商場化」角度，仍較偏重於機械性的條件上，把遍存於世界的「商場化」特徵作為隱喻而談。我認為更進一步的觀察，是可以把「商場化」的迷路概念引入去閱讀小說。大家都應該有印象，商場的設計往往有高度的同質性，在不同國度的商場內，我們時常有似曾相識，甚至難以辨認路徑的失落感，當中所構成的反諷正是——本來人應該是因陌生而迷路，現在反過來因為熟悉才迷路！回到《種族滅絕》的文本中，其中不同的小說人物，正是在不同程度的可信與不可信的關係中游走，在敵我是非黑白難分的現實環境中，一切似乎來得陌生又好像熟悉不已，此所以「迷路」的感覺更加明確。人物之間是同道中人，還是臥底間諜，都需要從實際試煉中認識判斷——「商場化」的迷路感對照，正好由此而生成。

# AKB48的紀錄現象學

一直覺得AKB48現象不好談，關鍵要點在於從接受美學而言，海內、外對AKB48的認受程度乃至消化過程存在嚴重落差，簡言之在日本國內AKB48是一個全民關注的社會現象，而在海外則僅屬於日本偶像御宅族群的關心話題。當中的鴻溝，往往令人出現文化傳遞介紹上的不平衡——不是流於挪用日本國內的讚辭侃侃而談，就是陷入於市場學的角度作純經濟角度的分析，兩者都不是理想冷靜的審視立足點。今次我想由AKB48的紀錄片《AKB48永遠在一起》（二〇一二）來回顧剖析一下AKB48現象學的可能性。

## AKB48的賑災學

《AKB48永遠在一起》是AKB48紀錄片系列中的第二集，前作《AKB48夢想起飛》於二〇一一年上映，而《AKB48永遠在一起》在日本及台灣均在二〇一二年上映。紀錄片的重心當然也是政治正確的勵志訊息，即 AKB48 儘管受到任何挫折創傷，都會合力迎向困難，成為不屈不撓的偶像組合云云。因為紀錄時段發生了東日本三一一大地震的慘劇，於是 AKB48 及其姊妹組合便展開了為期一年的訪問受災地活動，而訪問主軸也放在唯一於受災地仙台市出身的成員第十二期研究生岩田華怜上。但是影片下半部分就回到第三回 AKB48 選拔總選舉上，焦點自然是前田敦子為了從大島優子手上奪回第一位的寶座，於是出現脫水症倒下的激情場面。是的，那其實仍屬非常依照偶像宣傳紀錄片類型法則所製成的粉絲電影。

一直持續關注 AKB48 現象的文化評論人宇野常寬在新著《原子爆彈和沒有小丑的世界》（二〇一三）也承認今次紀錄片的拍法甚為簡單，由賑災慰問場問到公演上的困擾乃至成員之間的醜聞出現等等，屬可推量出來的內容。他認為利用大貨車出巡，再弄出簡陋的小舞台在受災地演出，一眾中、小學生蜂擁而至，看著大家臉上甜美的笑容確實令人動容。但他也清醒地指出以上的慰問，不過屬日本藝能界的指定動作，反過來說若他們不走進災區為災民打氣，才是「反常識」的舉動。簡言之，《AKB48 永遠在一起》的意義不可從現實層面去考量，而是要從想像角度出發，才可掌握到本質。

## 想像領域中的AKB48

宇野認為面對大災害令眼前一切廢墟化，四周變成充滿核輻射的世界，眼前孩子失去大量珍貴的人和物，AKB48所帶來肯定就是感性的「希望」。不過再進一步審視，當下的災情不再屬過去「正常」的天災，活脱脱就是日本動漫經常刻劃的世界末日景象。簡言之，在二〇一二年的時空背景下，不可能再出現世界末日式的近未來舞台設計在流行文本中，因為大家已經身處原先想像的世界末日的藍圖內。現實需要重新再設定，即是非日常與日常的邊界已益發模糊，意思指在三一一以後，經常性的餘震和核輻射的不可能阻止擴散及作出有效處理，日本人心目中都早已一清二楚，而且要逐步自我調節作出適應。換句話説，那些本屬世界末日的想像，開始慢慢侵食部分的日常生活範疇，三一一之後的日常與非日常就好像按鈕開關的切換般，令日本人在兩邊出入，成為同居於日常與非日常世界中的奇異族群。

宇野指出在紀錄片中，AKB48冒頭便表演〈*Heavy Rotation*〉，那是一首單戀的歌曲，針對單戀心情而作出祝福的作品，但其中使用於「僕」作為第一人稱的用法，正是把歌者與聆聽者角色位置重疊的構思，於是帶出攜手肯定世界的美好願景來。由此而牽引出AKB48最明顯的現象學，就是經常把物我一體化，無論是總選舉或是握手會，粉絲和偶像總是一起在參與名為AKB48遊戲的攻略運動中。大家不是被動地等待媒體所提供的活動機會和資訊，反過來也在自發構成相關的內容。這正是宇野認為AKB48跟其他偶像的不同之處——受眾手上的一票，當中帶出的自主參加及選擇的取向，背後作為巨大的文化運動的精神象徵，正好包圍及傳揚到廢墟的四周。在日常與非日常界線混雜的現實世界中，AKB48正好負起想像力的角色，從媒體背後重新架構起另一重世界來。

宇野進一步用一九九五年的奧姆真理教事件來作對照說明。那可說是一場「想像力敗北」的運動，因為奧姆真理教中人認為「和平豐盛的消費社會」走入死胡同，於是注入宗教精神思想追求改變。但個人自我意識的改變不代表世界會隨之易轉，於是沙林毒氣的攻擊，正是他們自編自導的終極戰爭。簡言之，就是一場否定眼前現實，卻又沒有正視想像力作用的社會悲劇。身處後三一一的時空，AKB48紀錄片的內容固然仍在反映市場上運作的經營邏輯，但宇野認為只要理解到背後物我一體的想像力空間，從中產生的另一世界，正是大家適應日常和非日常混雜新世界的切入途徑。

## 美好的新世紀

當然，以上宇野針對《AKB48 永遠在一起》的解說，基本上是沿自他在《Little People 的時代》及《日本文化的論點》中所建立的 AKB48 觀照脈絡體系而來，沒有甚麼新添的創見融入其中。

過去我在檢視 AKB48 的海外輸出現象，也曾撰文批評宇野對 AKB48 的分析，存在過分詮釋的主題先行式策略，這一點也可套用在今次 AKB48 紀錄片詮釋套路上去。

更重要的，我也在提醒自己需要去調整策略，從而去理解日本國內的 AKB48 聲音，否則只會陷入彼此互不理解的僵局中。以上宇野的 AKB48 解讀，是一種後三一一的目光視野，也即是在大災難後的觀照角度。過去我認為 AKB48 不具備宇野所提及的宏大想像力寄託，因為他所指出的物我一體運作邏輯，停留在表面的機制對照說明，而針對背後龐大的商業運作模式，很多時候存而不論，又或是傾向用自己主張的角度作取態式的表白便中止分析。像是用 AKB48 紀錄片為例，為何賑災片段不是廉價煽情的低劣藝能偶像經營模式策略？而屬宇野筆下的想像力建基的肇始啟端？顯然當中沒有理性上的必然佐證判斷，一切僅屬取態上的個人論據鋪陳。

撇除文本分析邏輯嚴密性的爭議，今天我傾向從後三一一的時空去理解宇野的宣道式 AKB48 解說策略。

對照不同的後三一一流行文本，如山田洋次的《東京家族》宣揚的擬家族觀念，大家都在不約而同去尋覓人與人之間本已脫序的關係。宇野高揚 AKB48 背後的想像力，其實也是一種藉此呼籲網上族群重覓連繫意識的手法，明白背後的用心，大抵就可以抱持另一份心情看 AKB48 及其相關分析下去。

# 現金或土地？三一一的復興問題

在一眾日本炙手可熱的年輕學者中，歷史學界的與那霸潤是另一名備受矚目的新星。他探討中日關係的名著《中國化的日本》，已由廣西師範大學出了簡體版，對以上話題有興趣的讀者可以參考。今次想談的是與那霸潤對三一一的復興分析，他將此與溝口健二的《雨月物語》並置而論，委實令人大開眼界。

在二〇一三年三月九日刊行的《週刊東洋經濟》中，與那霸潤指出三一一雖然已過了兩年，但對仍未能回後災前生活的人民來說，復興仍未完結。首先最直接受影響的，當然就是被地震或海嘯吞噬了住所，再加上因福島核電站洩漏緣故，而被迫離開家鄉的災民。更重要的，作者認為兩年時間的沉澱後，責任的定位更趨模糊。正如災後各方批判焦點都放在核電廠及政府的應對不力上，但一種曖昧的價值觀卻在世俗形成——「怎樣才算是安全？」的論調不難看到，於是避難他方或是留守本地，就成了個人選擇的問題。正好把本來為公眾的責任領域，轉化為個人的範疇上去。

在山下祐介及開沼博編的《「原發避難」論——從避難的實像到第二故鄉、故鄉再生》中，正好指出在地震一年後，福島縣的避難者約有十五萬人。對於幾多年後才可回故鄉居住的提問，大部分都答三年。這也是國際期針對災難除染，從而重整教育以及家族復元的慣常定距，簡言之，未來一年對復興狀況有極為決定性的影響。但是，就復興方案而言，不少受災者都有各異的見解。就以富岡町為例，避難者極希望可以在縣內（須賀川市）建立第二故鄉，即使要長時期守候，但仍可保持地緣共同體上的原來關係，以等待適合的回歸時機來臨。

## 復興的難度

當然，也有其他災民更關心別項的考慮。受災地之一飯館村的村民便提出，應把支援放在村民的生活協助上，先於除染的安排。因為受災後，村民的生計普遍大受影響，即使除染後可否回歸原居地仍屬未知之數，即使國家政府又或是東電把土地問題處理好，但首要之務也是要有資金對應發展才可行。所以，飯館村村長強調災後復興重點在村民身上，而非原村的存廢上。

以上兩種想法，其實並沒有真正的對立，大家的出發點都是以「共同體」的角度去審視災後重建的復興工程，只不過區別在「共同體」的基礎是人還是地上。

與那霸潤的精闢之處，是以一九五三年溝口健二的名作《雨月物語》作對照說明。此作當年獲威尼斯影展銀獅獎，的確絕非倖致。溝口健二最精準的是由戰亂（賤岳合戰期間，以琵琶湖北岸的苦寒之村為背景），拍出人如何在無常的塵世中自處的精萃來。《雨月物語》源自江戶時期上田秋成的作品，導演挑出其中兩篇：〈淺茅之宿〉用來處理人性中的物欲追求，〈蛇性之淫〉則帶來愛欲的纏繞，從而展示劇中人在外在環境的變異下（戰亂），如何面對內心人性欲念起伏的問題。

溝口對無常的探討及展示是多層次的，從情節上出發，他刻意安排劇中四名主要人物，均面對「禍兮福所倚，福兮禍所伏」的人生，相互之間在經歷甜美的成果後，迅即又遭厄運的煎熬。陶匠源十郎在戰亂中因售陶器而收入大增，甚至在士兵入村後也僥倖沒有財物上的破損，然而入城售貨卻與妻子陰陽相隔，以及為亡靈糾纏。他妹妹阿浜為求阻止丈夫藤兵衛從軍，反而在野外被其他士兵強暴，後來更淪落風塵在娼寮求存。藤兵衛卻因時來運到，僥倖割下敵軍將領的首級，於是被擢升至頭目——人生的對倒無常諷刺莫過於此。

## 雨月物語的共同體

與那霸潤舉出《雨月物語》，是想借此來分析當中討論的現金還是土地，才可以確保人生幸福的問題，從而與三一一的復興處境加以對照。

主角陶匠源太郎，本來是在農村工作以獲取生計的工匠，因為獲知在都市出售的商品的價錢可驟增，於是被貨幣魅力的誘惑下，決定出城求財，結果與顧客之一的若狹墮愛河，發展成拋妻棄子的故事。但原來若狹是已逝的怨靈，於是成了這表面上容易理解的道德教誨物語。

正如與那霸潤所言，從現金與土地的對立關係理解，源太郎的離鄉別井，由鄉入城的動力正是受金錢的誘惑，於是若狹作為怨靈的存在，正是把抱持貨幣現金的魔力予以形象化，而開始時又正好給人自由與繁榮的正面幻象。當然，電影的意思早有價值判斷，怨靈本來已無實體，只可無實體的價值（等同貨幣），而這種作為「偽物」的價值誘惑，對生於農村的家庭成員來說，顯然就是魔道，更反過來提醒必須恪守以地緣為中心作為共同體的價值觀念。

與那霸潤想提出的有趣觀察，就是一旦把《雨月物語》和三一一的災後處境對照，即發現日本人無論在戰國時代或是今天，面對從災後焦土的復與抉擇，所選取的方法其實頗為一致雷同。

再回看歷史處境，《雨月物語》提及的戰國背景，正是透過繳納年貢以及利用軍事保護的手段，從而確立大名去支配地域治權的江戶時代——家與村正好以此奠基逐步構成，也因而與生活的安定扣連。但正如一般探討歷史發展的書籍均早有論及，由納貢過渡至以貨幣作為武器，從而讓人民可以自由出入橫跨不同的地域領土，也是一開放歷程的必然演化。

## 兩難的抉擇

從《雨月物語》延伸出來的反省啟示，就是把土地或是物產換成現金，而個人可以把它隨意帶備出入游走，從而去選擇變換所持物——這一點與德川幕府把年貢鎖定在米糧而非貨幣的考慮上，正是一種壓抑社會流動的機會，令人民不可以離開家與村落，把大家侷限在既定的社會體制中按常規生活。

與那霸潤正好進一步提出，究竟傳統思維延伸下來的家族及農村的共同體想像，究竟是否真切不誤呢？在《雨月物語》中，源太郎最終回到故鄉，而意外地導演也安排了妻子的亡靈在接待他，甚至在電影最後也在她墳前供奉食物，健壯的遺孤正好在封閉的故鄉繼續成長。作者指出貨幣背後代表的「現在可賣的東西即變賣」的價值，其實與農村共同體中的人際關係大同小異，也即是「現在可信賴的即信賴」的想法，簡言之就是一體兩面的循環價值觀。

人類行為慣把自己相信的視為「實在」，而在此價值基準以外的判定為「偽物」，是社會一種不寬容的表現。

回到三一一災後復興重建的議題，富岡町的地緣重建第二故鄉方針，和飯館村的強調現金支援的立場，正是從土地和現金兩個不同角度，去切入反思背後的好壞。

與那霸潤沒有介入提出他的復興建議，他只是透過歷史文本，提醒國民在背後考慮的理據因由。當然，大家都不是災民，也只有他們才有權利去選擇自己的復興之路。不過歷史上災難從來不缺，日本也從來喜歡地域回歸及復原重建的觀點（可參看山田洋次的《東京家族》勾勒出此心態背後的精神價值），但是否適合當前的處境又是另一問題。

# 從日夜世界的秩序看日本社會內部的錯位邏輯

從其他地方眺望日本，我們從來不乏數之不盡的驚奇疑問。最簡單的像是為何有那麼多年輕女性投入AV乃至風俗業（色情行業）？為何紅燈區可以在各城市公開井然有序地營運？日本人好像對環保或是文化保育不遺餘力，但現實中強硬好戰的軍國立場同樣也顯而易見？……

可是，我想於此先提出一個基本命題：如果先撇除我們從外人觀之的窺秘及獵奇角度，那麼回到日本自身的民族體系上，是否又可以有一致的共同認知？或是，其實所謂的錯位及誤解，本來就一直存在，甚至處身日本當下的社會中，同樣不能避免各種內部撕裂式的理解溝通差異？因此，我嘗試回到日本現場，去梳理一下分歧誤解的現況及成因脈絡；先嘗試了解清楚大和民族的內部矛盾，大抵才是進一步考慮分析跨民族異文化對照的立論基礎。

# 日夜世界的言說

日本當前炙手可熱的文化評論家宇野常寬新著《日本文化的論點》，正好竭力處理日本社會互不理解的內部現象矛盾，從而提出一些「可視化」的觀點令彼此得以溝通互動。他指出在「失去的二十年」中，日本社會已出現巨大的理解鴻溝。七〇年代是日本的烏托邦歲月，Japan as Number One 的呼聲高唱入雲，國際輿論一片唱好，令日本人的自我身分提升至史無前例的高峰。但進入「失去的二十年」後，以往製造業所支撐的高度經濟成長早已一去不返，政府上自民黨及民主黨也逐漸被公眾看透政策立場上根本就無甚差異，於是很多的基本前設均顯出不合時宜的一面。

簡言之，就是日本的黃金年代其實是以核心家庭為社會建構的潛在對象，父親為終身僱用制的員工，母親為專業家庭主婦，配上一對子女，於是就可以與社會上運行由保育園開始至家電的構成設計等等接上軌道。但一切就在泡沫經濟爆破之後，以上的條件再不適用於眼前的社會形勢。過去以核心家庭為本所建構出來的一代人，以及後來生成的家庭解體一代，逐漸成為日本民眾分裂的基礎分子元素。

宇野常寬承接另一位當紅評論人濱野智史的界定說法，把兩者區分為「日的世界」及

「夜的世界」，並加以進一步的深入剖析。用最簡便的方法來說明，前者是一切可視的既定成規及秩序，從媒體上而言就是已成熟建立的大眾媒體，包括電視、電台及報刊等等，用「可視化」一來描述它們的性質，特點是建制化、程序化，存在自身已生出潛在目的：就是鞏固既有秩序，好讓整個系統可以繼續存活運作下去。當然，宇野一眾人的使用策略，背後也存在了等同僵化，以及上一代不合時宜卻死扼權力不放的批評指向所在。

反過來在「夜的世界」中，指向的焦點就是已成為日本社會熱潮的「社交網路服務」—（SNS）風氣，即以對twitter、facebook及niconico等的沉迷現象出發，從而勾勒背後龐大匿名使用者的生態邏輯。這兩個世界，基本上可與上文提及的兩代割裂作大體上的對應審視。

## 由一九九五談起

當然，以上的說法區分或許還流於理論化及相對抽象，所以我想從具體的社會背景切入，好讓讀者容易掌握到兩代區分的實感。更重要的，呼應我於文首建立的觀測基準——當日本社會於世代對立的處境下，撕裂成出現大量誤解及錯位的情況，不先了解掌握社會背景，更加難以從跨文化的角度去作甚麼對照分析。

速水健朗是我頗喜歡的評論人，他最新的著作為《一九九五年》（舊作《手機小說的秘密》有南京大學出版的中譯本）。大家回想起一九九五年的確有不少即使是如我們的海外旁觀者，也同樣熟悉認知的日本大事發生——沙林毒氣事件、阪神大地震以及《新世紀福音戰士》的啟播等等。或許我們可以透過若即若離的碎片，從而重整日本社會文化大氛圍轉向的契機，細節的堅實掌握反思才可以營構全景，也循此去掌握「日的世界」和「夜的世界」生成交替的秩序更易現實對應情況。

把一九九五年的重要性凸顯出來加以審視，也非始於速水健朗。中西新太郎在《一九九五年——未了的問題圈》也早提出了阪神大地震和沙林毒氣事件，此兩大災患的降臨，清楚揭示以往的社會模式及生態，不可以再一成不變的延續下去。

當然，凡事都有兩面看的可能性，社會學家鈴木謙介正好認為一九九五年可視為戰後經濟成長年代的終結代表年份，但與此同時網路的普及、僱用崩壞年代以及文化上的後福音戰士現象等等，也可以看為新時代的降臨契機——以上的社會外緣條件變化，本身已屬孕育日夜世界的交替溫床。

就讓我們先回到阪神大地震發生的當天吧！那是一九九五年的一月十七日上午五時

四十六分，最大震度為尼克特制七點三級。五點左右仍是大部分人的睡覺時間，加上屬直下型地震，所以對災民的打擊來得直接且嚴重。據報，大地震的死者為六千四百三十四人，住宅全部毀壞的超過十萬幢，影響十八萬以上的家庭；半毀的為十四萬以上，受影響為二十七萬以上的家庭——簡言之，就是日本自戰後以來最大規模的自然災害。

一般輿論都會視阪神大地震為該年的標竿事件，關鍵之一是讓本來隱而不顯的問題悉數浮現。我當天湊巧也在日本大阪，猶記得一覺醒來，啟動電視後傳來的影像，竟然有電影裡面出現大橋摺曲、汽車在半空懸掛等科幻特技場面，唯一差異只不過是沒有哥斯拉或卡美拉之流在鏡頭前出現而已。當然，我只是一個海外遊客，未能回到現實的錯覺影響也僅及身而止。可是當天的日本首相村山富市竟然也比我好不了多少，他看過六點正的NHK新聞後，由於當時仍未有現場片段傳送，首相居然低估了地震的威力，返回床上繼續就寢。到秘書處傳訊過來為一大事，已屬七時半，距離地震發生時間足足有兩小時之久。

村山首相在中午已成立「非常災害的對策本部」，但由於與神戶聯絡不上，所以對現場的死傷人數以及災情嚴重程度大抵一無所知，簡言之就是首相根本沒有留意到震情的重要性。此所以當天首相的行程，竟然與原定的安排並無異致，繼續出席一些早已安排面對財界人士及各黨派的游說大會，以上的疏忽及無能一一成為後來廣泛地受到輿論批評痛斥。

除了村山富市外，當時的兵庫縣知事貝原俊民也備受批評。他在家中竟然已看到外邊因地震而四周起火的災情，可是竟沒有立即回縣廳辦公救災，抵達時已為八時之後。而當時向自衛隊提出災害派遣支援出動請求的權限，正好就是在知事身上，簡言之他的疏忽失職和首相可謂不相伯仲。此所以地震率先揭示政府官僚制度的僵化地步，已到了人神共憤的程度，由此才出現及泛起民間社會的自救呼聲。

另一方面，據後來的報告指出，地震中的死傷者主要為七十代人士，其次為六十代及八十代，平均死者年齡為五十八點六歲，可謂正式敲響了日本進入高齡社會的喪鐘。事實上，國際標準早已定下凡六十五歲的高齡人口佔國民人數14%或以上，就屬於「高齡社會」，而日本於一九九五年已超逾此數字。當時的死者大部分集中在神戶市東灘、灘、長田、中央、兵庫及須磨六區及西宮、蘆屋及寶塚三市。以上一帶大多為於高度經濟成長期所建成的木造住宅，早已進入老朽化的階段，加上居民又大多為老年人，就更容易因直接及間接的原因（如肺炎、心律不全、心筋梗塞等併發症致死）而離世。

後來經過深入的調整，發現除了一些上文提及與災情直接有關的外在條件，如地震強度、搶救失時，或是居屋抗災地不足等等，更重要是發現不少老人死者，本來都是孤獨一人過活，所以在事發後也沒有他人可以登時立即伸出援手。凡此種種，正好反映出地震所揭示的早已溢出了天災範圍，而且同時把潛藏的日本社會問題，如政治上的因循怠惰以及社會上的高齡後遺症等，均並時爆發，且迫使大家不得不正視現實的沉重打擊。

## 志願工作者元年

阪神大地震發生後一年內，日本出現了大約一百三十七萬的志願工作者前往災區賑災，後來在經濟企劃廳編撰的《二〇一一年度國民生活白書》中直指一九九五年是日本的「志願工作者元年」，提及當年大量的社會各界人士以及學生趕赴現場，較政府由上而下推行的救災行動，來得更直接及有力支援，從而令大眾對公民社會及民間社會的職能有更大的憧憬。當然，從另一角度來看，也等同於對政府投了不信任一票，決定將來一切要自求多福的生存態度。

作家兼政客田中康夫在《神戶震災日記》（一九九六）中，正好從紀實角度點出一種人心的演化。他在書中提及地震當天，前一晚如常帶了舞小姐回家溫存，早上醒來收到友人留言「神戶處於壞滅狀態」，電視上看到教人匪夷所思的畫面後，自言感到不可再持續留在東京過一成不變的生活。兩日內致電各志願團體組織，發現早已登錄至有人滿之患，後來發覺大阪教區招募志願人士以摩托車把物資送往災區，於是他更喜出望外立即出發。終於在災後第四天出發，然後由關西機場出發，乘了二十小時摩托車便到達了現場動手救災。

書中也有記述一些在災場賑災的偽善情況及氣氛，但無論如何，它正好提出了一種大家不可再延續過去紙醉金迷的靡爛生活契機，彼此必須正視現實重新上路。重新上路不代表明天一切會更好，而且肯定魚目混珠良莠不齊的狀況必會衍生，不過那始終是第一步。也可以說「幸好」有了一九九五年的阪神大地震預演，才得以令二〇一一年的三一一東日本大地震民間救援來得更加有條不紊。當然，後者因為災害更加嚴重（九級地震加上輻射洩漏），死傷者牽連更廣，但如果不是早已催化及啟動了志願者的編制機能，相信後果只會更加不堪設想。

以上僅集中針對一九九五年阪神大地震而發的變動與影響，便足以反映日本社會的「地殼變動」。由國家首相到地方政客的無能，均清楚顯示過去「日的世界」體系的官僚化，早已僵化至失效的境地。而老人社會的降臨，乃「日的世界」享受了富裕文明後的後遺症，簡言之就是社會要「還債」的時候——過去在一帆風順黃金遍地的日子沒有積穀防飢，現在千瘡百孔般的紕漏自然一發不可收拾。所以，志願者元年的啟動，正好從現實世界上說明了「夜的世界」的新世代勢力抬頭。他們的組織生成，正是透過「社交網路服務」的活用，從而建立出種種體制外的渠道系統，因而由匿名性的交往，反過來建構出具名的社會運動，去補充「日的世界」的盲點及缺憾。

在流行文本中可見到社會整體對由「夜的世界」所生成的自助元素，不僅從社會性層面上予以肯定，甚至連個人化的人際網絡層面也獲高度評價。就以山田洋次的《東京家族》（二〇一三）為例，電影中的次子昌次（妻夫木聰飾）和紀子（蒼井優飾）的相交，正好得力於與災民的仁心相連——他們正是因投身於三一一東日本大地震的救災活動中，同以志願者身分而認識及發展成情侶關係。從山田洋次的上一代角度出發，去肯定這一段創作出來且反映出對「夜的世界」秩序「加持」式的祝福，可見社會整體已感受到過去因世代隔閡而出現的毛病早已病入膏肓，希望「夜的世界」的育成且開花結果，以填補「日的世界」之紕漏，已成為一幾近宣之於口的祈願了。

## 社交網路服務的想像力

宇野常寬指出「夜的世界」的關鍵詞，在於「日本的想像力」及「情報社會」兩詞。就以上的現實情況而論，正好是透過「社交網路服務」所建構出來的「情報社會」連繫，讓大量匿名的網路用家匯聚起來，然後於網路上你一言我一語的互動刺激，建立出一種對改造社會既定成規的「想像力」。於是由一九九五年阪神大地震至三一一東日本大地震的志願工作者大軍，正好循此「夜的邏輯」體系生成而來。

體現在日本流行文化上，我們不難找到大量的其他例子說明來他的觀測。從暢銷小說上而言，現今聲名鵲起的冲方丁於代表作中便清楚流露出針對「夜的世界」口味及市場上的書寫策略，而市場反應均證明大受歡迎。他的《天地明察》（二〇〇九）正好把「夜的世界」對「社交網路服務」沉迷風氣，融入歷史小說的潛背景中，於是從中喚起大家心底裡的認同好感，讓小說得以大受歡迎。澀川春海是一個數學狂迷，小說冒頭便出現「算額繪馬」的描述。「算額繪馬」就是與數學相關的繪馬，日本人自古就有把願望寫在繪馬或匾額上奉納給神明的習慣，而開始是大抵有人想把學會算術又或是解放題目時的喜悅奉告神明，但演變下來就成為大家公開所學的場所。透過大家都會去寺廟和神社，於是確保繪馬有一定的瀏覽者基礎，甚至就連沒有資金出版研究成果的人，也能以此手段獲得廉價的發表機會。當中不少只會寫出題目及出題者的名字，於是便變成為和瀏覽者的戰書，誘使不少人在繪馬上作答回應。答案正確時會得到「明察」的肯定，如果錯誤出題者便會寫上「惜哉」或「謬誤是也」——逐漸成為一種極其認真的娛樂風氣，各不相識的各路英雄正好透過繪馬作為江戶時期的

「社交網路服務」媒體，從而好讓大家光明正大地在算術上一較高下。

圓堂都司昭在《娛樂小說進化論》中，認為這正是一種 Web2.0 年代的網路溝通狀態，即透過書寫「部落格」，然後等待他人的反應迴響，然後由部落格主再加以回應。當中沒有出版或播放的「大眾媒體」存在，只有把資料置於公開的環境中，讓同好之士得以從中交流及互通切磋，嚴格來說那當然仍屬前 SNS 年代的溝通模式。但冲方丁顯然想把網路時期的資訊情報流通環境，置於江戶時代中去讓人反思，把左右今人的著作權問題或是不同形式的網路傳訊規條限制等加以凸顯，讓人反思無償溝通——尤其置於知識層面上的重要性。

簡言之，澀川春海身處的正是一知識共有化的理想社會形態中，就好像今時今日匯聚網路各方好手，合力完成林林總總的網路知識大全辭典，理論上正是 SNS 年代下所有用家嚮往的美好新世界所在。

撇開小說的板塊暫且不論，延伸至更為人認知及受人傳誦的演藝事業文化，AKB48 的例子更能充分說明「夜的世界」的想像力降臨。如宇野常寬所言，AKB48 正是「社群媒體」（Social Media，即包含「社交網路服務」及其延伸出來的不同媒體世界）時代下的偶像，與以往日本偶像傾向依賴雜誌、電視及電台等大眾媒體來維持知名度的運作不同，以秋葉原的專屬場地作長期固定的演出，加上透過「社群媒體」中互聯網的不同工具來逐步積累「人氣」，從而奠定今時今日國民偶像的地位。而透過民主化的投票手段去決定AKB48成員的排名與去留（「選拔總選舉」活動），當然可以看成為所謂的民主精神體現，宇野亦以此來肯定「夜的世界」介入了「日的世界」的運作秩序，打破原先的既有成規（以藝能界為據出發而言），從而建立出嶄新的美好新世界來。

## 結語

上文花了不少篇幅，交代了日夜世界之間的角力，且由具體現實又回到虛擬文本，旨在說明因世代而生的誤解及錯位，幾已成為日本社會內部的既定邏輯，甚至逐漸形成一種互動的「秩序」——當然，一切肯定仍在互動生成的過程中，會出現怎麼樣的終局肯定無人可以預知確認。

雖然，上文較為強調「夜的世界」之勢力擴張，但我個人的觀察是「日的世界」之既有秩序也非坐以待斃。就以AKB48的例子而言，當「夜的世界」宣示了AKB48代表了不再依賴大眾傳媒，改以「社群媒體」作為建構人氣基礎的新時代偶像，同理言之我們也可視為「日的世界」之上位者更加精準捕捉到時代的轉變，從而滿足彼此的虛幻心靈需要。而順應及利用「社群媒體」的言論趨勢，其實也是 AKB48 幕後主腦秋元康成功的策略之一。如果將 AKB48 視為一種「民主化」的過程，其實也是秋元康所施與及設計出來的「民主化」遊戲。民主化的幻象與其說是「夜的世界」的奪權，不如看成為「日的世界」利用「社群媒體」為個人的 AKB48 消費模式加以賦權的合理化過程。

是的，現實情況從來不應作簡單區分，我的簡略及粗淺說明暫時僅到此為止。

青
（90C2）
春
（8F74）
迷
（96C0）
戀
（9CF6）

# 女優裸形之發展

回到銀幕上的女優裸形表現，日本早在二十年代已出現裸體女星。她名為吾妻光，於一八九八年出生，且已於一九八〇年逝世。在一九二〇年，她在講述與畫家相戀的故事之電影《幻影之女》，便已在海岸旁展示出接受全裸的姿態。此片導演是歸山教正，後來也成為探索銀幕上裸形表現的研究家，他的著作《映畫的性的魅惑》（一九二八）可說是這方面的開山始祖作。

專門研事女優裸形表現的樋口尚文（著有《女優與裸體》），分析日本當代的銀幕流變，強調八〇年代是鉅變的分水嶺。當然，自六〇年代開始，隨著日本粉紅映畫，也即是我們所說的軟性色情片以洪水形式湧入市場蔚為風潮，早已出現不少為人傳誦也成為一代女神的代表人物，當中如桃井薰等。可是，女優的裸形表現，在社會普及層面上出現整體改觀，一定不能不提 naked 寫真風潮變化。

正是憑荒木經惟到篠山紀信的努力，用不同女星作為工具載體，逐步利用寫真來把她們的裸形表現，製造出一種登堂入室的時尚感覺。八〇年代活躍的樋口可南子，透過裸形寫真令她予人一種極酷的感覺，再加上宮澤理惠的突破性表現，終於讓女優的裸形表現不再限於男性的消費品，而成為可登大雅之堂的通俗娛樂流行殿堂。

自此之後，銀幕上的女優表現，也同步出現相應的變化。簡言之，就是女優的裸形表現，不僅為配合劇情需要的設定，同時也是一種女優借此取得賦權及建構時尚身分的重要手段。

## 裸體寫真年代

要反思日本女優在銀幕上的裸露演繹發展，或許首先可同步尋索一下寫真的變化，從而捕捉到時代氣息的流變。飯澤耕太郎指出英國美術史家 Kenneth Clark 在《*The Nude*》（一九五六）中早已指出 nude 與 naked 的區別。前者是由希臘時代沿用下來的觀念，代表了以理想化的人體基準，透過完美的框架及姿勢從而表現出來，那是顯現純粹形式的追求體現。相對而言，naked 就包含脫衣之意，亦即衣物卸下呈現出裸體的形態，當中大多包含一種性指向，而且往往隱藏誘惑性。雖然兩者雖然都是裸體的表現，卻呈現了表與裡、光與暗式的二元對立局面。

早於大正期間至昭和年代，日本最著名的naked寫真大師野島康三，早期的作品透過特別的影像處理，令影像甚有日本畫風，結合了繪畫及照相的兩重元素，後來則逐步向紀實式的風格發展，所以在他身上也同時體現出由nude朝向naked的大眾化口味的風格發展趨向。

現在人所共熟的日本naked寫真大師荒木經惟，最初出道時曾用「野島短太郎」的別名，當中「野島」一姓正是向野島康三致敬的設定。當然，他的naked寫真進一步把naked的元素推至高峰，尤其在不同實驗式濃厚的作品中，甚至把模特兒的臉孔排除在影像之外，把裸體之肉體美推至極點，帶出臉孔的漂亮反而會左右了讀者欣賞裸形之美的意思來。

簡言之，荒木經惟乃至後來的篠山紀信正式把naked寫真引領至另一層次，當然也促使了日本的女星牽引出更新的變化。

## 吉高由里子

最近正式成為一線女優活躍於銀幕的吉高由里子，正好是透過銀幕上的裸形表現取得賦權的一例。今天大家看她在《破案天才伽利略：真夏方程式》（二〇一三）中飾演岸谷美砂的幹練以及跟福山雅治的互動，又或是回想起《橫道世之介》（二〇一三）中飾演與謝野祥子的傻大姐氣質，卻是很難想像她的裸形表現迫力。

事實上，早在她十九歲之時，便拍下改編自金原瞳的芥川獎名作《蛇信與舌環》（蜷川幸雄導演，二〇〇九）。《蛇信與舌環》中講述女主角路易與阿馬及阿柴的三名關係故事，當中涉及把舌頭改造成蛇舌，又包含紋身、性虐、雙性戀等場面描寫，最後路易的戀人阿馬被紋身店的友人東主阿柴虐殺，而她又竟然無可無不可選擇與阿柴生活下去，於是構思不是常人可接受及理解的青春狂歌。

吉田由里子飾演路易，在電影中和阿柴於紋身過程中有不少激烈的裸形場面。路易於椅子上接受阿柴紋身時，不斷呈現出半身的裸露片段，而且更是以性交前奏的處理作為鋪排設計。月永理織認為電影的表現方法，教人不期然勾起增村保造名作《刺青》（一九六六）的聯想，當時若尾文子背部刺上妖豔的蜘蛛，把裸形之性誘惑及當中的危險性表現至極致，令人一看難忘。現在《蛇信與舌環》於官能上的刺激仍有一段距離，但卻足以帶出原著中透過「身體改造」而去表達自由的「自傷系」角色人物心理構造及世界。

至於對吉高由里子來說，她的決心及狠勁正好也為自己殺出一條血路。同時「身體改造」式的裸形表現，也正好協助她建構出時代尖端新一代代言人的先鋒姿態。

## 澤尻英龍華

另一最明顯反映出新一代藉裸形來賦權的例子，必然屬澤尻英龍華在《惡女羅曼死》（二〇一二）的表現。蜷川實花的電影儘管內容甚為單薄，但於透過影像以顯示出女星對自己形體呈現病態的沉溺迷戀，顯然可達成她的目標。內容講述明星莉莉子（澤尻英龍華飾）雖然是大明星，但因為容貌全靠手術而成，所以自己常懷恐懼之心。電影中對她的裸形的精準表現，自然以白皮包裹了澤尻英龍華的身體，然後脫衣舞式逐步把白皮剝去，直至展露出乳房為止——故事本身加上蜷川實花和澤尻英龍華的構成，本質上已是女優透過裸形尋找時尚賦權的最佳組合。

澤尻作為一出道便備受注目的混血模特兒，一直負面新聞不絕，與傳媒關係甚差，甚至可以成為周刊雜誌中被選出來的「女性討厭的女星排行榜」之首名。至於蜷川實花，則是一線的女攝影師，而且已進軍銀幕成為女導演，出版的寫真集及策劃的個展不計其數。而《惡女羅曼死》處理的正是一個當紅女星對個人地位的動搖憂思過程，一切從外觀及容貌出發。

我想說的是《惡女羅曼死》的出現，可看成荒木經惟和篠山紀信所掀起的女優裸形風潮的後續作，甚至是必然會出現的結果。蜷川實花的角色，只不過是取代了荒木及篠山原來的位置，然後再向前一步，把自己掌鏡的寫真化為菲林，來完成一次影像之旅。也可說是透過裸形銀幕計劃，把原先的酷透工程發揮至極致的嘗試。當然，背後自然有得有失，精於畫面之美的蜷川實花，也一如所料拍下內容蒼白卻影像流麗的作品，或許這也是時代所賦予的特色吧！

# 宮藤官九郎編劇日常

宮藤官九郎已成為目前日本最炙手可熱的編劇之一，當然他還有導演及演員的身分。甚至作為編劇，也屬長期於戲劇舞台及影視作品兩端遊走。

我承認在日本及海外對宮藤官九郎的認知，可能有一定程度的出入，但二〇一三年正是宮藤在日本大爆發的年份，上半年他編寫在ＮＨＫ播放的晨間小說連續劇《小海女》大獲好評，每周平均收視率均保持在百分之二十以上，是近年來同檔連續劇的紀錄。此外，《小海女》也為拍攝地岩手縣的久慈市帶來龐大的經濟利益，傳媒稱之為「海女經濟」；岩手縣的總體經濟收益達三十二億八千四百萬日元，甚至超越鄰近地區的祭典效應。而二〇一三年也是他的電影豐收年，執導作《中學生圓山》備受注目，而為水田伸生撰寫的劇本《謝罪大王》亦同時上映，鋒頭可謂一時無兩。

## 從追夢日劇回歸普通

對不少日劇的愛好者來說，日劇的熱潮或多或少都與由編劇北川悅吏子打造的「潮流劇」有直接關連，九〇年代是「月九」的天下，富士周一晚上的九點檔，成為年輕男女的人生戀愛憧憬要塞。被譽為「戀愛之神」的北川，憑《愛情白皮書》（一九九三）、《長假》（一九九六）、《最後之戀》（一九九七）及《美麗人生》（二〇〇〇）等廣為歡迎的作品，來建構出個人以及社會整體的戀愛追夢熱潮。她的王牌招數是把遇上人生瓶頸的戀愛者心理置於日常風景中作細緻具體的表現，於是產生龐大的共鳴效應。與此同時，社會開始從泡沫經濟的爆破中覺醒過來，對平凡的日常生活也喚起切入體會的心理，社會背景和日劇世界正好處於互動調節的狀態。

然後是〇〇年代的降臨，岡室美奈子在〈宮藤官九郎以「普通」為目標——吐槽和虛構的力量〉（《*EUREKA*》，六一〇期，二〇一二年五月）直指宮藤登場的時間，一切已有所轉變。簡言之，大家都明白日常不再是那麼「日劇化」的場所，一九九五年有阪神大地震及沙林毒氣事件，以及二〇〇一年紐約的九一一，所帶來的影響均提醒彼此的人生可隨時終結，一切不一定有首有尾。因此在〇〇年代，日劇大量湧現刑警劇及醫療劇種，正是回應日常生活早已與死亡為隣的現實寫照，而二〇一一年的東日本大地震只不過更進一步強化及鞏固以上的社會潛意識。

在這宮藤冒起的時代背景，基本上不是不可談織夢的話題，但前提是大家都清楚日常生活與死亡相鄰，所以最後的訊息反而是肯定對「普通」的探索——當然，何謂「普通」就必須回歸至文本層次去檢視。

## 改編植入之王

大家都知道日本的影視作，因為有大量豐富的小說文本在背後支撐，所以不少作品都是由小說改編而成。尤其對剛出道的編劇而言，把暢銷小說改編成日劇或電影，幾乎成為必經之路，也是考驗實力的訓練場。宮藤也不例外，而他的成名與擅於在暢銷小說中植入個人看法觀點甚有關連——要注意這一點絕不容易，暢銷小說早有固定的忠實粉絲支持，要他們不反感而接受個人植入想法，簡言之可謂較構思原創劇本難度更高。就以把石田衣良的名作《池袋西口公園》（ＴＢＳ，二〇〇〇）為例，本來作品屬沉鬱灰間的不良少年作，但宮藤筆下卻瀰漫了輕鬆調子，把源自漫才的吐槽趣味融入其中，令電視劇意外地吸引到小說讀者以外的廣闊觀眾群關注。而最明顯的成功例子應數改編自東野圭吾的《流星之絆》（TBS，二〇〇八），原著講述的是三兄妹為了向殺父仇人報復，於是本身用盡辦法尋兇，同時亦成為經濟罪犯，可謂在扭曲暗黑的人生中成長，內容甚為灰暗絕望。小說本身亦向道德的黑白界線挑戰，似乎默許了三兄妹作奸犯科去報復的舉動。但宮藤自己便直言假若電視劇十集也一本正經地去描述這個復仇故事，看來也不太可能吧！所以在電視劇中，加入了不少原著所無的日常無聊對話，從而豐富生活氣息，弟妹甚至吐槽地嘲笑大哥功一，恍若「可憐村的村長」！岡室美奈子認為宮藤是用了後設的手法去處理東野的小說，就是在原著中留白的位置，填上自我虛構的部分，本質上是破壞小說本身的沉鬱世界，而這正是宮藤作為創作人不認同原著的表現。

宮藤厲害之處，就是並非去破壞原著的情節內容，因為此舉必定要遭忠實粉絲的痛斥，而是利用大家都不易察覺的氣氛轉移，去觸發觀眾的笑聲，而笑聲自身其實正是對東野原來文本的否定！這種依循改編暢銷作指示，同時植入個人見解，又不得失原著粉絲，同時令電視台製作部以及觀眾皆大歡喜的改編手段，由衷而言正是後現代創作高手才可以達致的面面俱圓地步。

## 回到小海女的世界

《小海女》更有趣的地方，是把內容一分為二，前半是故鄉篇，後半是東京篇，以便同時回應二〇一一年東日本大地震後的時代氛圍。前半講述來自東京的小秋，隨母親小春回鄉後愛上了當海女的外婆夏及她的夥伴，於是決定留在當地讀書以及接棒當海女。下半則借鑑AKB的構成法則，把小秋與友伴結衣描繪成「GMT47」的成員，從而經歷一系列類似AKB成員所體會的磨練。

粗心大意的觀眾很容易把《小海女》視為追夢式的類型作品——小妮子依循本性，堅持己見去探索前路，不正是公式化的青春無敵夢想至上的通俗劇程式嗎？——然而只要細心觀察，就會看到在表面上討好的劇情框架設定下，小鎮用盡方法來復興正是東日本地震後的主旋律，各地都希望盡早走出輻射泄漏的陰霾。另外，模仿AKB的藝能佈局，更是日本上下包括學院文化界均力捧的萬眾一心形象工程，此所以肯定找到八面玲瓏、人人叫好的切入點。這正是宮藤一向擅長的市場觸覺及靈巧掌握技倆。

但是，只要看下去，不難發現以上的都是切入的幌子罷了。尋夢的背後早已充滿血跡斑斑的痛苦回憶，小秋的明星夢原來不過母親小春的翻版，而GMT之夢原來可以兒戲到因個人恩怨（小秋的經濟公司老闆原來與小春有私怨，因而要封殺小秋）而夢醒。宮藤一直強調那種瀰漫在日常生活中的破滅氣息，所有傳統日本通俗煽情劇的元素，在他筆下不過是表面討好的裝飾，但內涵卻截然不同——就如小秋父親本來好像是忠貞的痴情漢，為了母女更驅車由東京駛至故鄉求復合，可是一旦小秋回到東京便發現父親有了第三者。現實就是這樣，沒有廉價的煽情終局，即使是NHK的通俗劇檔次都不可以。

這就是宮藤官九郎的能耐！

# 村上春樹的殘務整理——沒有女人的男人們

村上春樹在二〇一四年的四月推出短篇小說集《沒有女人的男人們》，這是繼《東京奇譚集》以來，闊別九年的主題寫作式短篇結集。這次的主題可以定為「失去女伴後的男人尋找自我身分的歷程」。以上主題在村上的文學世界中，當然不算新鮮的題材，事實上近作《沒有色彩的多崎作和他的巡禮之年》的核心關懷，其實也大同小異，所以我用「殘務整理」的創作來形容這一本村上「新作」。

## 與多崎作的牽連

在《沒有女人的男人們》中，處理的故事背景可謂大同小異，通常描述小說的主人翁深愛一名女性，然後她忽然之間或離去或猝逝，總之主角要獨自存活下來去思考自己未來的人生。六篇小說的男主角，或許之前對哪一名女性也沒有太大情感牽動，又或是以往女性在身邊來來往往也不以為然，但最終均回歸鍾情於某一女子。其中只有〈木野〉一篇為例外，男主角木野當場發現妻子與同事的不倫關係後，反而選擇靜悄悄地引退，在辭職後開設一所名為「木野」的酒吧生存下去。與其說是一種寬容，不妨看成對生活的冷漠滿溢之反照來得準確。

暫且先擱置〈木野〉一篇，村上把各篇的男主角定性為深愛女方，主要是用來作襯托效果，以便合理化主角在喪失女伴後的積極自我探索過程。就以第一篇〈*Drive My Car*〉（Drive My Car 是披頭四的名曲之一）為例，男主角是五十九歲的性格演員家福，妻子約十年前離世。二十四年前，兩人所生的小孩，誕生三天後夭折，自此便成為夫婦之間的情感黑洞。妻子也是由此開始，與其他男性保持親暱關係。家福不敢認真去探問究竟，但卻成為他心中的一根刺。後來家福在機緣巧合下認識到妻子臨終前仍保持親暱關係的高槻，他竭力去與高槻混熟，並希望從中探知妻子與甚麼人上床以及所為何事等等，企圖去填補內心的黑洞。

如果我們回憶一下《沒有色彩的多崎作和他的巡禮之年》的情節，那基本上屬大同小異的設定，主角多崎作因為在大學期間忽然被中學的好友夥伴杯葛，而且也沒有交代任何因由，於是讓自己在成長路上飽受折磨，也進入了斷絕與人來往的封閉模式。直至遇上渴望追求的女子沙羅後，在她的催促鼓勵下，多崎作才鼓起勇氣逐一探訪舊友，希望從好友口中揭開當年謎團背後的黑洞。在〈*Drive My Car*〉中，家福的往事也是透過新聘請的女司機美崎的提問下，於閒聊中逐一流露剖陳。美崎和沙羅正好同時屬兩篇小說中推動情節進展的催生者角色。多崎作完成探訪後回到現實思考與沙羅的未來，同時反省自己應怎樣看待及處理這段發展中的關係（他發現沙羅與另一男性有親密關係，正在猶豫應否直接探問），正是村上提供的一種面對態度。相對而言，家福同樣努力希望在高槻身上，尋找已逝的妻子決定持續不軌的原因，而高槻的回應卻站上更高層次地發人深省——他強調家福的妻子是他認識中少見的優秀女子，而自己的觸及肯定不及家福所認識的萬一，所以家福能與如此優秀的女子共處數十年，絕對是人生美事。至於窺探他人心事，始終只是徒勞，所以不如集中反思考慮個人的想法心意還好。簡言之，就是情感的黑洞固然會左右人的感情起伏，但有人可淡然視之，有人就此執迷一生，而村上筆下的家福正是一個選擇以「演戲」來面對人生逆境的人物。此所以對妻子的不倫關係，也偽裝成文明眷侶不去觸碰，但當高槻不再與他往來後，他也不用再「演戲」來面對人生最後一段友誼關係。凡此種種，旨在說明《沒有女人的男人們》的設定，某程度是把《沒有色彩的多崎作和他的巡禮之年》的喪失感處境，化成為不同場合的情況，從而展示相異角色面對大同小異困惑下的其他抉擇。

## 甚麼都沒有發生

我認為另一短篇〈*Yesterday*〉（也是披頭四的名曲），正好可用來說明一種針對《沒有色彩的多崎作和他的巡禮之年》設定而發的「殘務整理」式創作。剛才提及的〈*Drive My Car*〉和《沒有色彩的多崎作和他的巡禮之年》，是透過角色和情節上的設定相近，展現主人翁在不同人生觀下的對應抉擇。

在〈*Yesterday*〉中，則大抵成為一種《沒有色彩的多崎作和他的巡禮之年》的續寫變奏。小說中的「我」在大學兼職時認識了木樽，他是奇異的男子，既無心向學，同時身為東京人卻因是阪神老虎棒球隊的狂熱粉絲，所以努力去學習關西口音云云。對於「我」而言，自己出身於蘆屋而上東京求學，反過來要竭力迴避使用關西口音，以免令旁人看出自己的落伍家鄉背景出身正好背道而馳。

有趣的是木樽和正在交往的女友栗谷不太順利，於是相約「我」一起見面（教人想起《挪威的森林》中渡邊、木月及直子的關係）。「我」和栗谷更有過一次私人約會，彼此之間也有一定好感，而其中 Woody Allen 的電影更成為中介互道憑依。村上至此又再安排擅展的忽然音訊中止的情節，結果「我」與栗谷的重逢便出現在十六年之後。那時候，栗谷未婚且在職場上大有可為，而「我」則已成為住家男人過著平凡的日子，而木樽則成為壽司師傅云云。三人再沒有甚麼人生交匯上的接合點，小說也在波瀾不驚的鋪陳下結束。

我想說的是，以上的平靜淡然的情節安排，與《沒有色彩的多崎作和他的巡禮之年》終章前所營造的山雨欲來節奏氣氛正好相映成趣。〈*Yesterday*〉本質上原來是懷舊之章，可是在村上的經營下，竟也成為將來的安魂曲——過去沒有發生甚麼，未來其實也是如此。

以此套回《沒有色彩的多崎作和他的巡禮之年》上，多崎作的所謂決心，以及與沙羅之間的現實發展可能性，村上春樹雖然以留白來處理，但當中正好點出了背後一切的關鍵——所有的輕重其實也存於人心之中，事件的起伏波折一切都是相對的，僅視乎當事人從何角度及抱甚麼心態看待。

正因為此，所以我會把《沒有女人的男人們》為《沒有色彩的多崎作和他的巡禮之年》的「殘務整理」取態下的「新作」。

# 由兩個村上到輕小說

今天我們認識及接觸日本文化，很多時候都會以個體為單位，可能因為某電影、某動畫吸睛，然後再作深化思考或是加以作跨文化的對照閱讀，那當然是適合的欣賞方法。但與此同時，我們也很容易陷入以作品為本位的欣賞方向，而對不合脾胃的作品往往就會置之不理，推出自己認知之門外。從時間成本上去考慮，那也是理所當然的，說到底大家的時間均有限，不可能也不需要得知天下事。但反過來的侷限就是少了一種尋找連繫的趣味，特別在處理異文化的議題，從單一作品出發的閱讀分析方針，偶一不慎便會把孤例無限擴大，成為筆下的某某文化的典型代表云云，墮入過度詮釋的窠臼；又或是加以貶抑，來凸出自己位置的超然。事實上，在風馬牛不相及的對象中，如果耐心一點審視，其實不難勾勒中潛藏的脈絡，而由不太感興趣的作品回到熟悉的文本身上，這種超連結式的閱讀方向，通常可帶出意想不到的趣味來。

## 兩個村上的時代異同

就以日本的流行小說範疇而言，不是所有人都對輕小說有興趣，而村上春樹及村上龍等作家，已逐漸由日本原先冒頭的流行作家位置，逐步走向成為嚴肅作家的方向，而在海外的中譯訴求也與日俱增。但由衷而言，一旦再追逐蛛絲馬跡，兩者的前後脈絡也非全然不可理解，反過來也可令我們對整體日本流行小說面貌的轉變，有更精準及深入的掌握。

波戶岡景太在《輕小說中的現代日本》（株式會社大進堂，二〇一三）提醒我們，作為從八〇年代開始冒起的流行小說旗手的村上春樹及村上龍，今天的寫作面貌與出道時其實大異其趣，兩人的社會性一直在不斷提升。村上春樹在出版《1Q84》後，接受訪問也直言要處理的是後冷戰的世界。冷戰年代是兩種意識形態的明確對立期，但隨著九一一事件發生，美國成為恐怖襲擊的對象，伊斯蘭世界又高揚聖戰，而冷戰後的戰勝國其實對美國所謂的正義論調也漸漸持懷疑態度，簡言之就是再沒有黑白二分的對照，世界一切開始變得模糊及曖昧化。村上春樹表明：「現今世界是否就是現實的世界，我時常抱持懷疑的態度。」作為小說家，他的藝術探索方向就是在作品中摸索另一重世界的存在狀況，因此《1Q84》的構成，可為對現實情況的藝術回應。

與此同時，村上龍自從經歷出道後的暴風期（如《接近無限透明的藍》及《69》等），隨著時日推移踏入〇〇年代之後，小說的現實針對性也愈來愈濃烈，如《共生虫》及《最後家族》都是開宗明義回應日本繭居族問題的小說創作。村上龍更高言反對同世代的作家再以懷舊角度去歌頌八〇年代，因為下一個世代所面對的現實已截然兩樣，一切嚴峻苛刻得多。

## 八〇年代的差異

相對而言，他們在八〇年代對社會的態度有不同取態，而且可緊扣流行小說的思考。事實上，現在不少論者也肯定兩個村上初出道的作品，的確瀰漫八〇年代的輕逸散漫氛圍氣息，本質上就是村上龍所言的八〇年代之變奏。日本詩人及散文家穗村弘說得好，他在回顧大學年代沉醉於村上春樹世界時直言，「我認為村上春樹真的罪孽深重。」他認為當時閱讀村上全然不自覺，而且感到作者寫得出神入化，但這種感覺是因為小說世界對所有的關係者而言——即作者、讀者乃至所有的登場人物都感覺良好，因為堅決守護各持分者的自我意識，令誰也不受到傷害；這種疏離術正是他的巧妙技術。而回到現實就是讓如他一般的大量讀者，墮入過分敏感的歇斯底里症中。

穗村弘的批評當然有偏頗的地方，但也明確帶出村上春樹對八〇年代一眾日本文藝青年的精神影響。

要注意的是兩個村上出道時的定位，徹頭徹尾是流行小說作家，與今天的超然地位不同，簡言之是甚受市場運作的邏輯制肘，絕非現在呼風喚雨的地位可相比。所以穗村弘得出以上的印象，某程度而言也可說村上春樹捕捉到呼應時代氣息的流行小說寫作程式。事實上，他對自己位置的無奈不無抱怨，《舞、舞、舞》提出對「文化掃雪」的嘲諷正是由此而來。用小說的話說，一面為「在這個像巨大螞蟻窩似的高度資本主義社會裡，只要你對工作的種類和內容不要求過高，找個工作並不是一件難事」，另一面乃「在這裡，浪費是最大的美德。政治家把它稱為資本主義社會所需的高級化。我將之稱為毫無意義的浪費。這是思考方式的不同，但是即使存在著不同的思考方式，我們也無法不生活在這個社會裏」。大家名之為高度發達的資本主義社會，它討厭和吸引的地方不相伯仲，而更根源的基礎為誰也不能改變它。小說中的「我」努力去「文化掃雪」，正是視寫作為勞動的一種態度，村上正好以此自嘲並借來為流行小說的書寫本質作定性說明。

## 輕小說的回應態度

回到〇〇年代後的時空，過去的流行小說出現了一種新命名的變化——輕小說。以當中大旗手西尾維新為例，他因「戲言系列」乃至不同的「物語系列」早已成為年青人心目中的偶像殿堂人物。西尾的產量驚人，而「物語系列」如《刀物語》、《傷物語》及《偽物語》等等都進入了動畫化，可預見的將來影響力將會更深更廣。從本質上來說，兩個村上於八〇年代的冒起，和西尾於〇〇年代的出道，大而化之的說法可說大同小異，都是透過流行小說的載體開始吸引人注意而逐步發展。

作為經歷八〇年代村上旋風洗禮的西尾，不可能不知道在高度資本主義經營邏輯下的「文化掃雪」約制，但他同時開宗明義高調表明筆下近乎奇跡式的生產數量，絕不可能循村上八〇年代提出的「勞動」觀點來理解。

西尾斷言自己的創作絕非勞動的成果，僅從勞動角度出發根本不可能在數年內完成十數冊的「物語系列」來。在他筆下，由始至終強調的是一切乃由「興趣」而生。

事實上，正如波戶岡景太指出在另一流行輕小說作家平坂讀的《我的朋友很少》系列中，作者也強調自己根據認為最易讀的風格、最易寫的風格以及最喜歡的角色設定等來完成，簡言之就是全面展示作者興趣的作品。

我想指出由村上轉移至今天輕小說的寫作戰場，本質上彼此同樣受制於市場運作的限制，但更根源的變更正好在心態上出發——前者對外界的影響深切理解，也明白難以匹敵，寫作的外向制約明顯唯有以自嘲回應；後者不是對現實理解過分天真，而是採取以滿足自娛來回應市場邏輯的方向，當趣味的共同體擴展至臨界點的程度，就能用個人興趣口味反過來牽動帶領市場走向。

# 西尾維新的語言魔法

由輕小說牽引出來的流行文化熱潮中，最受文化界注目的超新星肯定非西尾維新莫屬，甚至連《*EUREKA*》在二〇〇四年九月也出版臨時特刊，用來討論分析西尾維新的現象，一眾文化評論家如東浩紀、齋藤環、山口晃、笠井潔及仲俣曉生均奮筆疾書，為西尾風潮推波助瀾。

八一年出生的西尾維新，本來志願是成為漫畫家，但因為欠缺繪畫天份，故改而向文字創作方面發展。他一直產量驚人，即使未出道時也可以多份完稿來競逐比賽獎項，創作豐富得教人咋舌；目前仍保留同步書寫多個系列作的習慣。事實上，西尾一向在刊行一般文藝作品的講談社小說系列出版小說，卻依然被界定為輕小說的代表作家。乙一認為西尾屬廣義上的輕小說作家，而在《日經characters》上，西尾更被譽為「打破一般文藝及輕小說藩籬的新世代作家」。他麾下的「戲言系列」、「人間系列」及「世界系列」等，都成為固定的暢銷系列作。而於二〇〇五年開始，更發展「物語系列」，成就「西尾維新動畫計劃」的構思，已陸續推出如《化物語》、《傷物語》、《偽物語》及《刀語》等跨媒體的作品。

## 意識獨特性

宇野常寬在《〇〇年代的想像力》中，直指西尾維新與一眾輕小說作家不同，早已成功轉向成為流行文化的重要旗手。他直指一眾輕小說作家中，只有西尾維新一人能成功捕捉到後九一一世界的時代感性，從而發揮通用的想像力去繼續創作下去。西尾的代表作「戲言系列」（二〇〇二—二〇〇五），正是由世界系開始，進而加以否定，再終結於新傳綺風格的明證。所謂世界系乃指〇二年出現的時代用語，指一眾次文化產物在廣受《新世界福音戰士》影響下，流露出物語構成上的相似傾向，通常在男、女主人翁之間由微細關係作牽引，中間省略了複雜仔細的說明，然後便連結到世界終結又或是末日危機等抽象問題的故事。而新傳綺風格最初乃《*faust*》總編輯太田克史用來形容奈須蘑菇《空之境界》的用語，乃指穿越漫畫、動畫及電玩的表現，再度回歸文藝的青春傳奇小說。

「戲言系列」的主角紫木一姬正是沉浸於九〇年代後半期的厭世觀，也不會積極尋找任何投入關係的對象，擁有典型世界系人生態度的人物設定。而此系列的結局，她放棄了世界系的人生觀，竟然出現為了他人而作出嘗試的態度轉變。那正是由九〇年代後半的「繭居族」背景，走向〇〇年代前半期「決斷主義」的逆轉。

宇野進一步指出，他在《*faust*》上開始連載的《新本格魔法少女莉絲佳》早已露出端倪。「戲言系列」中一切的戰鬥責任，其實也放在紫木及一眾按戰鬥美少女原型設計出來的人物角色上，但《新本格魔法少女莉絲佳》中的主角供犧創貴及莉絲佳則維持平衡關係——前者用頭腦制勝，後者則以魔法退敵，兩者重要性相若，也同時需要背負殺人罪名。此所以看出西尾維新自身修正《*faust*》風格的意識，也因而令自己化身為成功轉向的一人。

## 語言突圍法

除了意識上的與時並進外，西尾維新較其他輕小說作家的優勝之處，是不囿於資料庫消費的創作門路上，積極回歸文字本身來顯出自己的存在價值。

福嶋亮太在《當神話開始思考——網路社會的文化論》中，已特闢專章來討論西尾的反諷嘲弄的語言遊戲。但我想指出，雖然西尾與推理小說家清涼院流水同樣愛以冗長及填滿的方式來組織小說，但兩者卻有本質上的明顯分別——前者填滿的工具是文字，後者則是情節

——因此出現關鍵性的評鑑差異，因為前者可以獨立而觀，且透過文辭上的睿智機巧，已足以帶來語言密度上的趣味，而即使與前文後理脱鉤其實也無減欣賞趣味；反過來情節上的溢滿，一旦構思上出來前後失衡的狀況，則只會予人馬虎失當的下品印象。

此所以即使在完全以青少年為對象的「戲言系列」中，我們仍可以看到如下完全脫離文本的語言遊戲，而當中又不難發現有莊子色彩：「所謂幸福的人生，指的究竟是甚麼呢？當然就客觀角度而言，幸與不幸之間，有著明確的區分，但是如果一個人無論處於多麼幸福的狀態下，都還是覺得自己很不幸，那他應該是不幸福的吧。相對地，如果一個人無論處於多麼不幸的狀態下，都還是覺得自己很幸福，那麼他就是一個幸福的人吧。」

此所以西尾的語法遊戲，正是其他輕小說匱乏的。

# 圖書館戰爭的平行世界

日本小說家有川浩的超暢銷成名作《圖書館戰爭》（二〇〇六），終於在面世七年後改編成電影搬上銀幕，對一眾「圖書館戰爭」粉絲而言，可說是天大喜訊。在談論電影版的諸種利害得失前，我想先去回顧這本當年震撼日本小說界的核彈式作品。

正如波戸岡景太在《輕小說中的現代日本》（株式會社大進堂，二〇一三）所言，《圖書館戰爭》的出現乃宣告輕小說進佔大眾視野的標竿旗幟。有川浩以輕小說熟悉的內容出發，卻融入具象徵性的情境設定，讓媒體及文學界也不得不加以正視。而她也因此而一帆風順，由此奠定當代日本暢銷女作家的掌門人地位。僅以「圖書館戰爭」的品牌而論，所揭示的「圖書館」系列，先後已有《圖書館內亂》（二〇〇六）、《圖書館危機》及《圖書館革命》（二〇〇七）等等，而小說亦率先於二〇〇八年改編成電視十二集的動畫版。而《圖書館戰爭》則得到第三十九屆長編作品部門的星雲本賞，且在「本屋大賞」中亦在頭五名內；至於《別冊圖書館戰爭》則在「DA VINCI BOOK OF THE YEAR 2008戀愛小說榜」上排行第一；

而在《圖書館革命》的書帶中已標示「圖書館」系列，整體上銷量累計已突破一百二十五萬本。凡此種種，均可見此系列的震撼影響力。

故事屬一種平行世界的設定，以近未來的日本為舞台，描述在昭和之後，在平成之外出現另一以正化為年號的日本。當時的政府通過了侵害人民自由的「媒體良化法」，於是法務省下的特務機構「媒體良化委員會」有權檢閱及查收書籍，而為了確保圖書館內最後的閱讀自由空間，因此有圖書館隊的成立——小説正是環繞兩方的角力甚至武裝戰爭構築而成。

## 自衛隊的變奏

《圖書館戰爭》有何潛藏元素令日本讀者趨之若鶩？小森健一郎不忘解釋，在文本中圖書館隊宣稱為守護自由而戰，與執行不當檢舉的「媒體良化委員會」作戰——基本上是以無色透明接近不證自明的處理方法，把「自由」奉為金牌，從而將與外敵對戰予以正當化的肯定。

但當中所謂的「自由」，嚴格來説是一種「自我防衛的自由」，也就是當對方入侵自己的領域（圖書館），便可以武裝起來加以迎戰。説至此，讀者大抵已可嗅出圖書館隊的影射現實真身——那便是日本的自衛隊了。要知道日本自衛隊是戰後的產物，自一九五〇年韓戰爆發後，日本政府便在美國政府在背後支持的情況下，陸續建立起「警察預備隊」及「海上警備隊」等組織。到了一九五四年，日本政府把保安廳改為防衛廳，而分成為陸上、海上及航空的三隊自衛隊正式成立，宣告了日本重新擁有國家實體的軍事力量。近年自衛隊的最大爭議，就是由原來自我防衛性質，逐步變質成為多功能的現代化軍隊，最明顯的例子就是二〇〇二年阿富汗戰爭及二〇〇四年伊拉克戰爭的海外出兵計劃，完全違背了只存於領土內的「自我防衛」原則。

《圖書館戰爭》中的圖書館隊中的階段職位，其實已經屬參照軍方編制的一種設定，如圖書監、圖書正及圖書士均分為一等至三等，就如自衛隊中佐官、尉官、曹長及士長同樣由一等至三等區分相若。更重要的，在電影版中早已點明圖書館戰爭的曖昧性，當堂上篤決定去營救被擄走的館長及笠原郁，由於他們規定不可在圖書館以外的地方使用軍備，於是總部立即把藏參處的大廈購下，好讓拯救行動中動武得以合法化。這正是一種海外出兵的變奏演繹。明白《圖書館戰爭》背後的自衛隊投影，就可大抵知道背後的支持動力所在。

## 影射和現實

《圖書館戰爭》雖然環繞沉重的自由保衛戰而發，但因為有明確的戀愛線索，尤以從女主角笠原郁出發建構的繽紛關係為著，自然可攫取不同趣味傾向的讀者注目。但對內涵的提升，論者始終把焦點放在小說的平行世界設定層次上，簡言之就是現實與影射之間的對照關係。

小森健太郎在〈從單子論看《圖書館戰爭》〉中，便指出從小說以近未來日本的平行世界而論，即肯定了現政府和別政府並存的二重論，也可看成一種內戰式的隱喻，只不過以圖書館作為象徵自由的神聖領域作為對立開戰的焦點而已。他也推而廣之，認為若把這種二重設定，視為外國入侵佔日本後的影射，則由統領的外國軍隊化身而成的「媒體良化委員會」，便成為合理不過的特務機構，而圖書館隊就理所當然化身為保護日本文化及日本語的本土防衛軍了。把兩重關係結合，小森健太郎提出可用台灣的處境作對照參考，即國內存在獨立自治派及歸附中國派的黨系，由此而產生的二重政府狀態，正是一種從現實情況推衍而生的藝術轉化影射想像動力。

他提出以萊布尼茲的「單子論」（Monadology）來思考設定的構成——在萊布尼茲的

單子論中，首先肯定實體是多種多樣的，單子在本質上是單純的、自為完整的實體。單子雖然是精神性的，但物質卻藉著它而獲得解釋。一方面單子是單純而不可以分的，所以其活動是完全自發的；另方面各單子間也沒有彼此的相互影響，每個單子都是一個「無窗戶的單子」。小森正是看準「無窗戶的單子」的特質，認定《圖書館戰爭》的世界正好接近日本的「島宇宙」觀，透過不同的小共同體構築故事，但又與外部保持明確的鴻溝間距。

## 封鎖在島宇宙中

小森健太郎指出在《圖書館戰爭》中，圖書館隊的立場及邏輯均十分明晰，就是要捍衛人民的閱讀自由，反過來對手「媒體良化委員會」專門攻擊圖書館藏書的論據立足點，卻一直隱而不論。事實上，在《圖書館革命》的後記中，作者有川浩更正面回應這方面的指責，明言她敢於堅持不作任何交代，而且聲言不會在此說明理由。小森健太郎認為這種把攻擊一方的外部邏輯完全省略，把發生的一切封鎖在圖書館隊建構出來的島宇宙中，正是一種「單子論」的演繹安排。

把外在進犯襲擊的因由架空，說不定與〇〇年代的日本動漫可謂互通聲息，因為此階段不少以戰爭為題材的作品，其實共通元素也是戰爭對手進襲的曖昧化。從此觀點出發，有川浩根植於與動畫血脈相連的輕小說本體範疇，出現如「媒體良化委員會」般理由不明的敵人，也可說屬一種時代流行的設定基準。當然，若刻意去加以作歷史尋索，昭和戰前期曾出現的治安維持法，可說是日本當代史上針對打壓反國家言論和行動的最明顯象徵標記。《圖書館戰爭》中嘗試把「媒體良化委員會」查收書目的焦點，放在含有諷刺性質的童話上，當中如「國王的新衣」式對權力的反諷批評，簡言之也來得方便及顯淺。從另一角度思考，那其實也是為圖書館隊不斷把自己標籤成保護自由的正義使者，尋找把對方矮化從而合理化自己行動和立場的修飾手段。

《圖書館戰爭》的「單子論」世界觀，簡言之就是在主人翁一眾所代表的正義集團之外，並不容許有其他明晰詳盡的價值觀存在，一切起伏變化都只能在「圖書館」的內部生成衍化而已。

## 電影版的轉化

電影版的重塑，最明顯的變動是把原著的情調作大幅度的更易，那當然與導演是佐藤信介有關，他最著名的代表作《Gantz 殺戮都市》和《*Gantz: Perfect Answer*》（二〇一一），已充分反映他作為動作導演的優秀潛質。

在處理《圖書館戰爭》這個本來以輕鬆浪漫主導愛情類型的輕小說之際，明顯以重口味來經營當中的動作場面。事實上，電影版中三場主要的動作場面，如果說優質化特務機構企圖攻入館長室仍大致循著突顯笠原郁（榮倉奈奈飾）的過人之處來拍攝，那麼守護小田原「情報歷史資料館」的場面已幾成好萊塢式的大型軍事決戰，至於最後營救基地司令仁科（原著中的稻嶺館長，在電影版改訂為已過身，而仁科是電影版的原創角色，作用大抵與稻嶺相同）及笠原郁的片段，原著中不過只有大約一頁上下的內容（郁留意到窗框一隅有手掠過，原來是堂上的救援，然後一瞬間便衝入來完成了拯救行動），電影卻演變成漫長的對打搏鬥過程，大概佔了十分鐘左右。以上的安排，充分反映出電影團隊把《圖書館戰爭》重新打造成動作為主、愛情輕喜劇為次的類型構築策略。

當然，正如佐藤信介在訪問中，也曾指出《圖書館戰爭》的基本命題核心，正是在政治議題及可愛戀情物語兩大元素上。前者其實直接與日本的自衛隊世界觀相關。此所以電影中的政治世界早已趨向虛無化，簡言之就是以淺白化的黑白正反邏輯，來處理圖書館隊和「媒體良化委員會」之間的關係，前者成為全然正義的化身代表，後者當然就是的然無誤的大反派角色了。

佐藤信介在提及以北九州市立美術館，作為小田原戰的現實場地的安排中，指出他採用了沿自自主映畫的經營方法（他是透過PIA一九九四年的自由映畫獎而出道的），即以環境來決定情節發展及改動氣氛以遷就，以顯示出自主映畫的生命活力及機動性。北九州市立美術館的堅固外表，同時又在建築物前又有廣大的花園，再加上行人電梯直貫中庭的設計，在在喚起一種對近未來的想像。

## 自主映畫製作法

可是與此同時，這種依據場景主導再反過來左右情節安排的「自主映畫製作法」，在佐藤信介身上表現出來的像是誘發了他的「動作控」心魔，於是進一步埋首在強化陣地戰主導的場面動作設定上。在訪問中他興奮不已地暢談關於子彈的選取或是動作設計的安排——事實上，小田原戰是陣地戰配合直昇機攝影的大場面示範，而最後營救館長的室內戰則是成龍／甄子丹式的埋身搏鬥對打（事實上，本片的動作導演下田勇二正好參與了多齣甄子丹作品的製作），那和飾演堂上教官的岡田准一本身是格鬥技御宅族或許也有一定關係。

那麼，為何我們要看佐藤信介的《圖書館戰爭》呢？撇開把《圖書館戰爭》動作片化的基本取態後，我認為背後更重要離不開對「自衛」的隱喻思考，在電影中也不斷強調這一點，圖書館隊不可擊殺媒體良化委員會成員，在對決中即使俘虜了敵人於戰事結束後也要送返對方，而且也一而再強調己方遭殺害後媒體也不會報道。簡言之，就是盡量去簡化邏輯，把事情的是非黑白竭力以二元對立的方式表達呈現，從而把「自衛」的神聖光環予以無限發光發熱，確認處於道德高地的頂峰位置，好教大家不用思考而愉悅地觀賞下去。

此所以從隱喻角度去思考，我覺得佐藤信介組把《圖書館戰爭》的改編，進一步動作化甚或是軍事化，個人認為饒有趣味。面對不斷強化的曖昧對手，必須要努力提升個人裝備才能自保，而此也成為正義之師的不證自明基準——電影中透過笠原郁口中屢度強調年輕時遇上的堂上教官正是正義使者的化身象徵——要知道「曖昧」不過屬刻意為之的創作手段，正如佐藤組的動作化參考目標，當然是以好萊塢及香港等優質動作片產地為參考摹本。最終目的還是透過尋找一個藉口，好讓強化裝備以及提醒自己的警覺得到關注的契機。

有趣的是，《圖書館戰爭》在日本於二〇一四年公映後三天內就有二十五萬名以上的觀眾入場觀賞，總票房超逾三億日元以上。據《達文西》雜誌所作的調查，讀者／觀眾對電影改編原著的滿意度高達98％——那不就是在說明，佐藤組的改動方針，正是日本大眾所樂見及擁護支持的嗎？

# 融入青春時代背景

日本流行文化的活力，其中一點是體現在校園背景的作品上。

## 朝井遼的高中校園

近年成為校園小說的當頭紅人必屬朝井遼，他的首作《聽說桐島退社了》（二〇一〇）大受歡迎，漫畫及電影版均已在二〇一二年推出，後者更曾在二〇一三年的香港國際電影節中上映，而在二〇一二年的「電影旬報」大獎中，更獲讀者投票決定的最佳歡迎大獎。

朝井的小說十分聰明，《聽說桐島退社了》以高校為小說舞台，桐島從排球部退社，以他身邊五名好友為視線出發點，當中既有喜歡體育，也有喜歡文化的不同男女，由他們各自表述從而再展示出他們如何去想像桐島的世界——當然，背後也帶出校園生活本無真貌，彼此也各自因一己喜好去選擇想看到的片段。後來在新作《少女不畢業》（二〇一二）中，他利用相同的敘述手法，以即將廢校的高中為背景，把在校生與畢業生在遲來了的畢業禮上的交會感慨，由七名少女的不同視點出發，把文化祭、社團活動、戀愛及高中生活等等作相互穿插，從而將逝去的學校內之秘密一一披露展示。

兩本小說都充滿校園氣息，在書頁之間，讀者在自行車、排球、耳機、可愛粉飾的便當盒、書本及相機等相關物事上游走。校園的空間更被充分利用，如體育場館、校舍的屋頂、舞台乃至少人出入的學校倉庫等等。當以上的細節逐一出現，我感到驚訝的是作者竟然可以在狹小的天地中迴旋，從而令人發現原來在大家均耳熟能詳的校園內，原來可以有那麼多的隱藏細節有待探尋。

## 東川篤哉的青春推理

除了朝井遼外，另一位善用校園題材作背景而令人留下深刻印象的作家，當然是東川篤哉。東川篤哉以《推理要在晚餐後》（二〇一〇）成名爆紅，電視劇和電影也陸續推出。他以青春觸覺配上「毒舌」（尤以《推理要在晚餐後》中的管家影山針對大小姓寶生麗子的批評為甚）風格，成為新時代風格的推理小說家，據說吸納了不少本非推理小說的讀者。

成名後的他如其他的當紅作家般，積極建立不同系列去鞏固地位及擴充版圖，其中「鯉之窪學園偵探部系列」正是針對校園範疇出發，從而建構出來的系列推理小說。

円堂都司昭在《娛樂小說進化論》（株式會社講談社，二〇一三）指出，東川篤哉和朝井遼的小說同樣具備新時代感性，其中一個元素是善於把時代背景特質融入內容中，當中尤其對影像視覺的元素甚為敏感。在《放學後再推理》（二〇一一）中，東川以偵探部副社長霧之峰涼為主角，從而牽引出八個短篇故事來。與《少女不畢業》相若，當中把大量情節置於與媒體技術有關的時代背景中。〈霧之峰涼的屈辱〉正是以在視聽覺資料室中的錄映帶被盜的事件出發，從而建構出推理小說的背景；〈霧之峰涼的放學後〉則以高校中的藝能班被盜攝為題材；而在〈霧之峰涼的逆襲〉剛有追攝演員戀愛醜聞的狗仔隊登場。甚至連主角的名字「霧之峰」也是由三菱空調的系列品牌之一而來，因而每看到空調廣告便遭人捉弄云云，可見作者貫徹地把身處媒體世界中的存在處境，靈活地加以日常化，使到大家的時代親和感大增。

## 文化祭的精神

以上提及都是創作人自身對校園題材掌握捕捉的努力，不過朝井遼及東川篤哉的校園系列成功之處，円堂都司昭認為不僅停留在時代潮流物上的挪移，也仍然屬較為容易融入作品的處理手法，更重要是與時代流行的校園精神結合才是成功的關鍵竅門。

他所指的是日本的 niconico 動畫網站，niconico 是微笑之意，該網站在日本早已成為新時代精神的展示平台，原則上表面的技術層面與 YouTube 有一定程度的相似性，但 niconico 容許觀賞者在視訊上留言且以字幕形式表現出來，就開創了一個新世紀——營造出在網路上可與不同人一起欣賞視訊的效果，同時每個人都是評論家。円堂都司昭指出在參加「niconico 超會議」後，得出的最大印象，其實就是文化祭的概念延伸。在超會議中，由不同的使用者組成以不同興趣為基礎的分享區，由圍棋、鐵道乃至「痛車」（把自己座駕塗上動漫角色的舉動）等均各有所屬，成為一種社會化的文化祭。

円堂都司昭認為朝井及東川一方面掌握了時代影像世界的技術演化，從而融入作品，另方面把沿 niconico 的文化祭普及化時代青春精神滲入小說。是的，朝井的《聽說桐島退社了》及《少女不畢業》，以及東川的《放學後再推理》，背後之一的明確共通點就是以各學會分社的區分為本，從而構成小說系列的篇目。表面上好像不過在如實呈現校園生活的內容，但考慮到背後所代表的文化祭精神，早已透過 niconico 的傳揚而成為時代精神命脈，那麼我們對流行小說的流行法術便可有深刻一些的理解認識。

## 桐島的天台

在朝井遼小說改編而成的電影版《聽說桐島退社了》中，我認為其中一個有趣的地方是天台的運用。香港電影對天台的情有獨鍾已不用多說，《無間道》已把天台的波譎雲詭交代得一清二楚，而天台的意象對身居恍如密室都市中的我們，更加很容易勾起感同身受的扭曲壓抑愁思。只不過我想說對天台的觸感，大抵是都市共通的。在日本的天空下，仿佛天台的意象在校園範疇的電影中更加眷戀不已，《大逃殺》的拙劣模擬作《惡之教典》（二〇一二）正好把天台視為學校中的犯罪之地，惡魔教師蓮實與女學生的不倫戀，乃至連串殺局也是自天台開始，好像天台作為學校的日常禁地，正好用來作奸犯科的完美空間。

可是《聽說桐島退社了》的高校天台卻不一樣，當中流露另一種情致。電影中我特別喜歡電影部的前田涼也與吹奏樂部隊長澤島亞矢於天台使用權的爭持一幕——電影部要在天台取鏡拍攝，而澤島則堅持在天台頂峰練習，於是即使男女有別也各不相讓。

原來澤島居高臨下，只因天台可以遠眺校園一角的隱閉籃球架，那兒有她暗戀的男生宏樹與友人一直在打球耍樂。簡言之，天台就是在陽台照耀下釋放熱情愛戀能量之地——對電影又或是對人的愛念展示之地。

所以電影終結前的高潮也選擇了天台為場景，排球部的人聽聞桐島在天台出現，於是蜂擁而至；電影部的人正在為他們的外星人結合喪屍片元素的作品在搏鬥；一眾桐島的好友也趕至現場。因為眾人的擾攘，令電影部的底片完全浪費掉，最後彼此更大打一場。我想起新海誠對青春的闡釋：就是把眼前一切作無限的放大，而置於高校的小宇宙來看，其理同一。所謂熱血青春，也由是而生。

# 御宅族的正名運動

近年的日本電影，我留意到有一傾向，就是從不同層次及角度出發，希望為御宅族加以洗脱污名，從而能抬起頭來做人。

當中其實經歷了不少起伏不定的反覆變化，過程可謂絕不平坦順暢。

## 宮崎勤之禍

借用日本被稱為「宅王之王」的岡田斗司夫於《阿宅，你已經死了！》（中譯本，台灣時報出版，二〇〇九）的世代論分期說，其中所指的第二世代正好以三十來歲一代為中心，在他們的成長期發生宮崎勤事件——指一九八八、八九年在東京崎玉縣發生的連續綁架及殺害女童事年，嫌犯宮崎勤正是典型的御宅族，於是讓御宅族瞬即背負沉重的污名，相關產業如動漫等受到社會上整體嚴厲打壓，因而受盡歧視。也正因為此，他們是熱愛談「御宅族論」

的一代，也是較為借學者的論述（如東浩紀的《動物化的後現化》或齋藤環的《戰鬥美少女的精神分析》），來為自己的身分加以正名及賦權，從而重構合理化的存在意義。但以上始終屬文字及學界上的去污名化努力，要深入民間糾正觀念，始終需要依賴流行文化的力量。

在富士的鎮台之寶《大搜查線》中，同樣三番四次在劇情中流露御宅族的潛在恐怖威脅，例如恩田堇（深津繪里飾）對迷戀她的潛行者（stalker）及御宅族犯人心底常存恐懼，以及對無力應付他的暴力侵襲之無奈，可見御宅族的污名已深入民心，難以一時三刻予以糾正。編劇之所以這樣設計，自然因為以上的觀念有廣泛的普遍性，容易令觀眾產生共鳴；可憐的是，宅族的污名便墮入萬劫不復之地。

## 御宅族平反運動

事實上，近年的日本電影對御宅族的形象已非常自覺及敏感塑造。我曾在分析二〇一三年日本的大熱作《宅男的戀愛字典》中，交代了背後的御宅族平反設計。用最淺白的語言來表達，主角馬締（松田龍平飾）的故事不過是《電車男》的變奏化身，馬締所投射及背負的正是第一代御宅族的影子，也即是以鐵道迷為骨幹，強烈投入興趣中所煥發出來的專注精神，作為族群的共通信念及特色所在。當馬締遇上香具矢，也即是電車男和愛瑪士小姐的童話再現。不同的是後者刻意取悅的是隱藏的宅族，由他們來提供意見來促成好事；前者表面上不讓隱宅出場，但卻讓馬締作為代言人，並且肯定他自身斂藏的魅力，從而把香具矢俘擄，為御宅族打氣及肯定的力度更強。

二〇一四年的作品《菜鳥評審員》，表面上不過一齣以日本廣告界的黑幕加以漫畫誇飾化表達的喜劇，而妻夫木聰、北川景子、鈴木京香及豐川悅司等一眾角色，其實也堅守喜劇趣味的原則，務求令觀眾捧腹大笑而回。如果我們抽取背後的情節安排細看，可見導演永井聰的企圖，仍是要為御宅族正名。

嚴格來說，《菜鳥評審員》與《宅男的戀愛字典》在不少地方和設計理念上均有大同小異之處。《菜鳥評審員》中的核心人物，其實是由 Lily Franky 飾演的鏡先生，他作為一名曾出任國際廣告獎評審員的重要人物，今時今日在公司內已淪為資料室的管理員。但有趣的是，導演安排太田（妻夫木聰飾）在向他學習之際，正好一點一滴喚起潛藏在太田體內的御宅族之魂，讓他在廣告獎中成就美事。

## 跨世代的堅持

《菜鳥評審員》由於始終是以大眾市場為焦點對象的喜劇，所以電影中不斷由鏡先生傳授一些宅族點子，如螳螂功夫、宅族上衣乃至不同模型，以滿足從「東方主義」角度觀察日本文化的老外口味，背後當中也可融入自嘲以及戲謔老外作用。不過那些都只屬餐前小吃，永井聰最關心的仍是御宅族的真身本心。所以他在最後不忘替大會評審委員長設定為隱閉的宅族，甚至替他與鏡先生過去在評審期間曾惺惺相惜添上一筆，一切的修飾無非想凸出御宅族的佯狂欺世只不過是執著純真的體現。

面對商業文化及市場主導的世界大勢，御宅族的毫無機心的堅持態度，在永井聰心目中才是警世良藥，也是他賦與在太田身上的優良血統。

事實上，我指出《菜鳥評審員》與《宅男的戀愛字典》兩者設計上可謂亦步亦趨，絕非空口白話。太田的純真本色，同樣為他贏得美人歸，同事大田（北川景子飾）也因此而與他結成情侶，就好像《宅男的戀愛字典》中馬蹄和香具矢（宮崎葵飾）終成眷屬。

要說這兩年是御宅族的電影正名年，大抵絕不為過。部分原因可能也屬創作人自身也是御宅族，當他們出道後，自然便希望為過去背負的污名正名吧！而他們想嚴正交代的，是過去一直堅持緊守崗位，才得以冒出頭來。當中正好與劇中人相若，有赤子之心存在，對創作本身充滿正面的憧憬及遐想，因此才得以不問回報走下去。明白這種心理狀態，便能從另一角度去閱讀及理解御宅族的生活模式及審美趣味——目的不在於要觀眾完全認同，至少可以跳出來換一角度，嘗試尋找共生共存的大同空間。

せんぺい
飯田屋

# 月（8C8E）的（9349）暗（88C3）面（96CA）

# 攤販夜食文化史

前陣子日本漫畫《深夜食堂》大熱，令同名日劇、電影也大受歡迎，那一種人際交心的夜食文化，確實令都市人嚮往不已。連香港油麻地的蘇波榮，也希望在社區及文化圈中建立起香港深夜食堂的形象，可見城市人的渴望及追求，其實大同小異。

最近看西村大志編的《夜食文化誌》（東京青弓社，二〇一〇），覺得頗有意思。一方面原來「夜食」在日本的語境中，竟然有男女交歡的其中一義，可說絕對在想像之外，不過這和討論的主題無關，純屬趣味之談而已。而書中作者也深入逐步去剖析夜食的變化來龍去脈，提出夜食的出現，正好代表日本社會由一日二食制朝向三食制之過程。當然歷史的發展，還是有不同學者的說法，被譽為江戶學的創始人三田村鳶魚在《娛樂的江戶——江戶的食生活》中認為一日二食轉為三食，乃江戶寬政年間確立之事。不過另一學者渡邊實在《日本食生活史》中，便指出三食制萌生於鎌倉時代，而確立則屬安土及桃山時代。

如果對歷史沒有多大興趣，或許我們也可從今追昔的角度去思考夜食的流變。事實上，今時今日不少遊客到日本遊玩，到各地的流動攤販宵夜，幾已成為重要節目之一。無論由東京到福岡，都可看到追逐攤販的遊客蹤影，簡言之也可說日本的夜食文化早已遍地開花。這種攤販夜食潮流，一旦要嚴格追溯起點，大抵便要回到日本的二十至三十年代了。

## 與陌生人暢談的攤販時光

早在昭和初年，路邊流動攤販的夜食文化，正好反映日本社會的發展進程。日本人鍾情的長壽動畫《海螺小姐》中，海螺小姐的父親磯野波平又或是她丈夫河豚田鱒男等，每天下班在回家途上，正好時常駐足在街邊的流動攤販，邊吃串燒邊喝啤酒，以廉宜的價錢度過一刻時光，恰好就是那時那刻的時代風景。

以上的夜食文化，其中一項重要因素，就是可以在攤販流連之際，與不認識的陌生人暢談交歡，產生意想不到的社交作用。

近森高明指出日本進入大正年間，公司企業文化開始逐步興盛，於是當中的上班族慢慢成型。據估計在二十年代的大正時期前後，日本約有百分之七至八左右的人民，已晉身成為這一股新中間層。他們的生活模式也逐漸產生變化，而且是以楷模的方式在社會中流佈，可說是日本上班族文化開始成為潮流指標的嶄新年代。

從都市空間論者的角度出發，上班族文化的湧現自然伴隨大量的「次文化」體現，例如：職住分離情況加速發展，讓居於公司宿舍的文化備受衝擊，同時消費市場中以家庭為本也與職場為本的需求開始切割出來，形成兩大消費的支柱。

都市社會學者磯村英一認為街邊流動攤販，建構出都市發展中的「第三空間」。所謂「第一空間」就是家庭，「第二空間」就是職場，而「第三空間」的特別之處是包融了匿名性的非組織化的人際網絡，讓參與者可以從日常角色中釋放出來，享受自由調適的娛樂休閒空間，從而帶出一種既開放又親密的人際關係來。

## 攤販文化

如果我們更仔細認真地去細察，應該可以發現攤販作為建構出上班族文化的「第三空間」作用，其實還是後來衍生出來的。攤販文化的「原風景」，其實牽涉更多低下階層的各式人士。在日本的文獻中，形容二十至三十年代的路邊攤販文化，會用上「和氣藹藹」之詞，但同時也會出現「猥雜」之語。我認為正好指出當中的兩面性——攤販之地成為人流聚集區，高談闊論景象自然樂也融融，不過來往者也品流複雜，各式人等匯聚而期望無風無浪也不符常情。

近森高明指出攤販夜食文化，在成為上班族的次文化之前，最先應該是以服務「立喰人種」為本，那是指來往的時間匆忙，只能夠站在攤販前吃畢便上路的人。其中不少是各式各樣的勞動者，由拉牛車到管貨車的，又或是從事夜間行業的人士等等。從另一角度而言，攤販夜食就是低下階層的快餐店。消費者之中，車夫的確成為一個重要階層，因為他們體力消耗大，需要時常不斷補充，但每一次又不可吃得太飽，否則趕路時又易生不適，所以遍地開花的攤販文化，也算是切合對象需要的日常生活憑依。

事實上，攤販的夜食文化已不僅限於消費角度而言，其中不少日本的窮苦學生也是以經營攤販夜食來支持自己的求學生活。在世紀之初，日本有不少針對窮苦學生而發的雜誌如《苦學界》及《成功》等等，均一再介紹窮苦學生經營攤販的竅門指引，務求令他們由一無所有，變成為自食其力。

## 內臟拼湊成燒鳥

提及流動攤販的過去歲月，大抵對今天的遊客來說，有一事乃極為難以想像的，原來攤販也是下三流食物的匯聚之地。我所指的是於二十至三十年代的日本攤販，由於是低下層的快餐樂園，所以食物成本及質素一定需要嚴格控制至低廉的水平，否則貧苦大眾不可能負擔得來。

其中最大規模的食物「騙案」，就是攤販中所發售的雞肉串燒（燒鳥），經報刊揭載披露原來是用各式肉類的內臟假冒而成，而且主要是用豬的內臟，甚至有攤販東主因此而被拘留數天，且以違反「賣肉取締規則」而入罪。

有趣的是，其實攤販的消費者皆心知肚明，入口的燒鳥大多魚目混珠，甚至有其他小食是用各種渠道收集得來的剩菜殘羹製作而成，如從軍部黑市購回來的剩飯等等。簡言之，所謂的攤販燒鳥，正是一種主客雙方均明白且暗地默許的食物升格命名法。先前提及為貧苦學生提供的攤販創業指南，如《苦學界》及《成功》等，曾公然教導他們從甚麼途徑可購入內臟，以及可如何處理令吃上來有「燒鳥」的效果，委實令人眼界大開。

運筆至此，其實也有一點感慨。以上的荒謬情景，對照於二十年代經濟匱乏的日本社會時空，大家當然也明白當中無可奈何的情況。可是我們今天放眼審視眼前的中國食品市場，於地溝油充斥、油條用上明礬製作，而且連粥品都用上黃原膠甚或工業用明膠製作的年代中，甚至連養魚人及種菜人都不敢食用自己經營的產品，那究竟又是甚麼的妖魔年代？回溯日本的攤販夜食演變史，更加令我們反省到眼前所見的荒謬局面。

# 深夜食堂中的國族料理精神

在芸芸一眾日本治癒系作品中，《深夜食堂》可說是集大成的杰作，而且於亞洲區內更廣受歡迎，成為近年著名及出色的文化輸出產物。電影版於於二〇一五年一月在日本全國公映，台灣及香港也分別於四月及五月發行上映，當中的物語構成，我認為正好可以供進一步去檢視背後的日本國族料理精神所在。

## 日本料理的系統

電影版的《深夜食堂》，編排很有精心佈局的考慮，值得細加分析。電影分成三個段落，一如慣常是以「料理名稱」為分目。先後次序是：〈拿坡里義大利麵〉、〈山藥泥蓋飯〉及〈咖哩飯〉——背後的藍圖是西洋料理、鄉土料理以及和風洋食的結合變奏。當中除了勾勒出日本料理藍圖面貌，更重要是與相連的劇情緊扣，從而帶出創作團隊借料理來道出的看法來。

首先，我想指出要了解《深夜食堂》，首先必須明白它背後的擬家族關係（可參看《悶騷日本》），而擬家族的重建工程，與整個日本料理的發展進程又有息息相關的連繫。Katarzyna Cwiertka《飲食、權力與國族認同——當代日本料理的形成》（*Modern Japanese Cuisine: Food, Power and National Identity*）中早已指出現代日本人口味趨向同質化的發展，其中一大因由正是家庭餐食的革新所致。踏入二十世紀，家庭意識形態重心集中在配偶身上，而再非傳統的直系親屬。隨著經濟發展及家庭結構轉型，一方面傳統上因為只有長子承繼家業的習尚，令地方上大量的次子及三子湧到都市打天下。都市亦因為高度發展而令他們有機會晉身成為新中產階級，於是做逐步朝每晚作「封閉式團聚」式的方向發展，即家庭成員共聚一起同堂共食（反過來傳統日本家庭中的男女老少習慣上不會一起吃飯，因為當中的差別反映出各人在家中的地位）。進入七〇年代後，以上提及的新中產階段又進入家庭崩壞的年代，男的只顧打高爾夫球，女的成為心理不平衡的「教育媽媽」，孩子由不斷被補習摧殘，因而反抗而生出往後的援交又或是繭居族等問題，簡言之就是「家庭聚餐」的概念已全面崩潰，而這正是《深夜食堂》的前設社會背景。

食堂內的擬家族關係，是透過虛擬的同桌共食氛圍而進行，因為在食桌上，大家好像均可以輕鬆自然地熱議他人的私事，而此在其他的日常環境中，往往被視之極不禮貌的處事行徑，原因只不過因為把各人幻想成自己的家族成員而已。但與此同時，《深夜食堂》的創作團隊一直深明城鄉所牽引出的人心同異掌握，所以在《深夜食堂》作為象徵的食物光譜上，一方面重要已成為大眾共同口味的均質化料理（取其人心的同流感），但也用心留意各方的差異（電影版提及的山藥飯，便強調為新潟縣的地方口味）。這也正是Katarzyna Cwiertka剖析當代日本料理中的核心精神所在——一、建構口味均質化的普及模式，以「日本—西方—中國」的文化三角描繪，作為日本專業烹飪及家庭烹飪中的規範性架構。二、將某些區域性料理推廣至全國，建立「傳統」料理的名單，無論在高檔次又或是庶民化的層次都可以展現出來。此所以在《深夜食堂》結聚的食客，一方面他／她們自屬當代都市下的「次子」、「三子」，既具備均質化的都市味蕾，所以溝通上從無隔閡如魚得水，但每次當有鄉土元素引入（如某人來到東京後所遇上的問題），又保留了地方獨特的刺激條件（以鄉土料理作為隱喻），令作品一直保持生命活力。

## 電影版中的隱喻

電影版對三種料理的定位及挪用，明顯有其計策及盤算在內。高岡早紀在〈拿坡里義大利麵〉中的川島，是一名小三，因依傍離世已頓失一切，在食堂中偶遇小職員西田，於是火速搭上。可是後來因為知悉遺囑中有自己一份，立即又回復拜金女的面貌，把西田甩掉後更成為食堂一帶的高利貸女王。當中的「西洋」即使不視之為一種負面的根性，顯然也代表了一種生活於當代都市下的現實市儈心態。導演把速食的基礎挪移至人情關係上，川島和西田在食堂內火速搭上，然後立即同居，接著以秒速分手作結——一切都是在食堂內眾人仍未接受關係轉變前已進入另一階段，而最後的高利貸女王形象更是極速變身的終極體現。

第二段〈山藥泥蓋飯〉乃典型的由鄉入城故事，栗山（多部未華子）因逃避故鄉中的男人糾纏，以及想在都市自食其力，於是因向東主（小林薰）承認吃霸王餐道歉後再展開新生。山藥飯作為家族料理的象徵牽連，也正是栗山人性本質善良樸實的體現，透過重拾鄉土家族料理的風味，於《深夜食堂》的既定邏輯中，從來都是用以提醒由鄉入城的一眾「浪子」不要迷失自我的方程式手段，而〈山藥泥蓋飯〉也沒有例外。

在第三段中的〈咖哩飯〉中，更加融入時局動盪下的東日本三一一災難背景。謙三（筒井道隆）是跟蹤狂（Stalker）的原型變奏人物角色。他來自地震後的災區，他經歷喪妻之痛，在義工杉田（菊池亞希子）的照顧下，逐漸尋回求生意欲，於是毅然上東京死纏杉田，希望她可以應允下嫁。杉田也非無辜的受害者，當初去做義工不過為解情傷，並非真的有甚麼高尚偉大的情操。面對謙三的糾纏，她也難以承受良心的譴責——當初「利用」災民來解情傷，但對方萌生愛念後，自己便一走了之逃避了事。

作為一種幾已奠定國民料理地位的和風洋食咖哩飯上，如果循導演的思路去切入，當中正好反映出如何消化以「私利」為先的西洋精神，從而結合到日本風土後轉化出適當料理人生況味。電影中以謙三回鄉，杉田決定重新肩上義工角色，且相約在災區以咖哩飯為憑依再相見。一切已清楚表明創作人的用心，料理正如人生，不斷處於學習優化的過程。唯其不斷調節，才可以提升口味，既對人也對自己。人生每一天均要吃飯，也就是不斷鼓動個人成長的基本動力來源。

# 流行文化的鄉村想像

一直以來，我時常提出從其他城市（如：香港）去理解日本，其中一個隔閡距離就是對城鄉差異的認識偏差。

當然，城鄉對立以致由此衍生出來的二元對立價值判斷，這一點可說甚有普世式的認受性，前者作為反面的物質文明代表，和後者的自然與人情高揚的象徵，顯然是一種大家樂意接受且常以此為據的創作基準。

## 鄉村的美好憧憬

日本近十年盛行治癒系本色，把空間地域作為療傷工具。在東日本三一一大地震後，借鄉郊來尋找重建人心的連繫，可說是進一步成為創作人的期盼心曲。山田洋次的《東京家族》擺明插入三一一義工到現場賑災的設定，描述次子昌次和紀子的定情啟端，再透過兩人陪同老父周吉回大崎島經歷及見識人情的正反兩面——血緣兄姊的涼薄與沒有血緣的鄉民關愛，構成對立以肯定父親選擇之正確（然後一生再不入城），以及下一代真正的家庭要由此重生（昌次與紀子的婚事得到周吉的認定）。

構思的方向其實跟其他類似的影片也大同小異，只不過在大災難後更進一步把鄉郊展現為無菌天堂而已。事實上，即使在動畫的世界中，細田守的名作《狼的孩子雨和雪》（二〇一二）也是獨力養大一對狼人子女雨和雪的故事，設定在富山縣的田野鄉間，才能成就出容納異類的空間——簡言之，鄉郊的美好憧憬可謂俯拾皆是。

## 鄉村的陰暗面

然而，針對郊區村落的封閉及冷酷無情描刻，可謂也不勝枚舉。松本清張的名著《砂之器》早已出現多個不同的電視及電影版本，但關鍵始終在主角秀夫的父親千代吉因患上痲瘋病，因而被逐出原居的石川縣小村落外，從而展開漫長悲慘的流浪旅程。即使回到最近的《往復書簡：二十年後的作業》（二〇一二）上，吉永小百合飾演的小學老師川島，也是敵不過北海道孤島上的人言可畏，而被迫逃離再回到城市延續下半生。這些都是隨便列舉的鄉郊負面想像例證。

當然以上都是藝術表現上的象徵，而在同一對象上之不同的對應寄託，也不是甚麼天方夜譚的奇事。不過我更關心的，乃一旦回到現實世界來加以對照，是否可進一步深化我們對城鄉兩極想像之認識。筑波大學教授島越皓之在《家與村的社會學》（東京世界思想社，一九八五）分析日本村落的結構，便曾提出村落領域分界的認識問題。他指出民俗學研究早已說明有村界的標誌，用來代表村落的入口，往往用一些如連繩、山神石碑或是長明燈等來作為象徵分界。一般而言，村落分為村、田野及山三部分，而用來居住的村落隨著擴展亦會出現新村與舊村的角力關係。島越指出曾經有村落因發生火災，於是相關家庭要接受懲罰，就是要被迫遷到新村之中，所以新村好像是地位低一等的存在空間，一般而言新村中人也不可以在村落中擔當重要職務。更為甚者，是剛才提及的村界標誌，也是用來阻止邪惡東西入侵村落內部的象徵，由此可看到村落背後的等級性及黑暗面其實也源遠流長且具體明晰。

## 小野不由美的《屍鬼》村落

我認為小野不由美的恐怖小說《屍鬼》（後來再改編成漫畫及拍成動畫），除了是一本傑出的類型作，對中陰身的探討提出了新鮮的混糅變奏外，更重要的是作者對村落的細緻描繪，足以成為流行文本中的精準村落民俗學研究範本。

在故事發生的外場村中，作者基本上把日本傳統鄉村的基本結構對照植入，她把外場村設定為山入、上外場、中外場、下外場、外場、水口及門前等不同區域，而旦那寺及尾崎醫院就作為地方權力的兩大核心——前者是宗教權，後者則是由地主演化而成經濟及文明主導權。所以旦那寺的主持室井靜信和尾崎醫院的少主尾崎敏夫，正好成為面對屍鬼入侵的原居民意見領袖。作為屍鬼家族的桐敷家正是搬進外場部落西北高坡上，然後悲劇便陸續發生，死去的村民逐步由山入（即深山中，是進入山區前的補給站，自伐木業衰落後，只剩下兩戶共三人居住），再向村落中心延展開去，分別是由上外場到中外場，然後是到下外場至門前去。作者一方面如實反映日本村落的對照階級性結構，同時也反映出現實投射的關係來——當初因屍鬼所觸發的傳染病致死風波，一天沒有伸展至村落中心，便得不到大家的認真關注。而在研究如何對抗屍鬼的過程中，也充分看到不同區域的利益衝突矛盾，彼此就居住地方的差異，既有意見上的強弱之別，同時也出現互不信任的危機。

我想說的是，從這一角度去刻劃日本鄉郊，的確可帶出天淵之別的差距來。當然在二元對立的象徵系統背後，如果有更豐富及堅實的客觀細節對照融入，我相信同時亦會進一步提升欣賞趣味。

## 想像的落實可能

如果把之前日本流行文化中對鄉郊的美好憧憬想像，用一個較為現實的方式去理解，得出來的結論可能就是把鄉郊所代表的一套美好價值，用建制的方式來予以傳揚及保留；現實式的說法或許就是地方自治，當然其中一定牽涉某程度的中央及地方對立的關係。正如早前八月九日在長崎舉行的六十八周年原爆紀念活動，市長田上富久在《和平宣言》中便直斥首相安倍晉三迴避責任，沒有積極推動及參與國際上的反核協議——這與唯一原爆的受害國身分背道而馳，顯然就是中央與地方對立的白熱化示例。

京都大學教授村松岐夫在《地方自治》（東京大學出版社，一九八八）指出，當地方上出現反對公害的居民運動和出現革新的自治體，表示地方自治已高度政治化，進入中央與地方對立的年代。不過他認為不應過分偏狹地去理解「對立」，事實上理想的中央地方關係應屬相互依存型，在中央集權與地方分權中必須掌握恰當的平衡。片木淳在《日獨比較研究市町村合併》（株式會社早稻田大學出版，二〇一二）更透過日本與德國的詳盡比較，去揭示地方重組的參考方向。他直接指出地方分權的推進，少子高齡化的趨勢，行政改革的發展，加上日常生活圈擴大後所出現的行政需要增加，皆迫使平成年代的日本政府不得不去正視地方重組以及如何放權自治等議題。

至於流行文化中對地方鄉郊的美好想像，是要循政治化的手段才可以得到體現及落實？又或是應抱持自生自滅的態度讓美好價值在盡量降低人為介入的前提自然保留？我相信不可能出現共識，也將繼續成為大家的關注焦點。

# 吉田修一的都市空間

繼村上春樹之後，我相信吉田修一已成為目前最受台灣出版界重視的當頭好日本作家。過去他的小說主要由麥田及新雨出版，而且已譯出了七八成，最近吉田的新作版權已進入戰國式的混戰年代——《天空的冒險》是麥田的，但《路》已屬聯經，《日向》由時報出版，而《平成猿蟹合戰圖》則屬新雨麾下，四所不同出版社競逐他的中譯版權，由此可見他的聲名鵲起以及於現實中的影響力。

在芸芸不同的吉田修一紛陳特色中，我想他小說中的都市空間感來得較清晰及運用自如。而《地標》（日文版二〇〇四，中譯二〇〇七）是其中一本此範疇的代表作，或許就以此來開展我們的吉田修一都市空間之旅吧。

## 都市空間理論

日本向來不少對都市空間論的探討。吉見俊哉在《都市的戲劇學——東京鬧市的社會史》（弘文堂，一九八七）把文本論式的都市論分成四範式：一是從文學作品入手，把都市視為文學作品的文本並加以分析。二是透過親身的遊歷體驗去切入，攝影師及報告作家多以此出發。三是從建築角度入手思考，透過觀察都市建築物及街道構成展開記號論的陳述。四是由社會史的角度介入，分析民眾活動如祭典空間及模式等，從而探索空間構成的契機。吉田修一的《地標》當然屬於第一種範式，但他其實已結合了其他角度的觀照角度，令小說呈現立體的都市空間感應。

日本法政大學的增淵敏之在〈從《地標》閱讀都市空間〉中，便曾細緻地把《地標》中的地理空間名目，逐一與現實的地景加以比照，發現大部分均有真實指涉，一切緊扣小說場景大宮。例如：小說劈頭交代「大宮站西口 SOGO 百貨後面有一大片像是等著開發的大空地，柏青哥店『KINGDOM』就蓋在那塊空地的正中央。只要住在大宮，即使是不玩柏青哥的人也都知道這家店的存在。」增淵敏之指出，小說中提及的大空地，應就是指一九八六年動工而兩年後完成的大宮新地標 SONIC-CITY，那是一結合商場、市民會堂、辦公室及酒店的重要地域標誌性建築物。另一方面，「KINGDOM」應該就是以琦玉縣為根據地的柏青哥連鎖店「HAPS 1 KINGDOM」的代名。簡言之，對熟悉大宮區的讀者而言，《地標》不啻是一本有具體所指的小說對應文本。

## 二線都市的空間窘境

當然，對我們海外的讀者而言，一般來說對大宮的認識不深，事實上它也不是海外遊客熱衷到訪的景點。那麼，我們看吉田修一的微觀大宮，究竟所為何事？就以他描述「KINGDOM」後，主角之一犬飼所見的情景來看看：「犬飼走出後門的停車場，那裡有小路通往大宮站的西口。大宮車站周邊與東京都內其他的車站相同，隨處可見『日高拉麵』、『海鮮批發店』、『麵麵』、『紅亭』等小餐館。而像是要全面包圍這區域一般，這一帶更多了顯眼的『御茶之水補習班』、『榮光補習班』、『SCHOOL 21』等升學中心與補習班的招牌。狹窄的巷弄裡一樣蓋滿了住商大樓，在一樓燈火通明的教室裡，可以看見學生們專心注視著黑板抄寫筆記，而那些學生的背影看起來就像失敗的美術作品。」在以上的片段中，吉田修一所作的已屬第一及第二範式的結合應用，借犬飼的具體遊歷從而帶出城市空間的觀照來。當中所刻意為之的，就是一種文本所傳遞的本裡反差——即一種反諷的意味來。

文本中對大宮地景益發仔細的描摹，我們不難發現正好反映出大宮這種作為二線都市的空間窘境——當中的均質化景觀，令我們有似曾相識的感覺，正如增淵敏之所言，那是琦玉縣北部、櫪木縣南部乃至群馬縣南部的共通風景，反映出應考預備生數量的眾多，從而改變了鄰近的都市空間形態，把「仔細／均質」的文本反諷由此而建立起來。甚至我們不難發現，其中提及的都市空間變形改造，對城市生態大同小異的香港及台灣讀者而言，一定也不難找到自己在地的對照經驗從而去擴闊聯想。

## 空間背後的人心

當然地景的描述形構都不過是手段，最重要是作者想借此反映甚麼。川本三郎在《文學中浮現的風景》（新潮社，二〇〇六）也有提及《地標》一書。他正好借小說中另一主角隼人的心曲來觀測背後的地域性，「住在大宮已兩年多，明明早已將戶籍遷移至此，完全是個每年按時繳稅的琦玉縣市民，但隼人從不覺得這兒是自己的家。」川本指出九州來到大宮生活的隼人，於大宮的均質性之下，無論如何也喚不起認同感，也即是甚麼故鄉甚麼歸屬之類的依戀之地也談不上。

後來在隼人和女友小梢母親聊天，談及大宮學生的補習情況，更好進一步準確說出均質化城市的非人性化一面。小梢母親認為既然大宮與東京距離不遠，可當日來回，不禁問為何年輕人仍上去東京呢？隼人於是指出「去東京」和「住東京」的分野——年輕人通常不是想去東京，而是想住在東京。

其中所突出的要點，是大宮這類二線城市，一直均以模仿東京之流的大都會而建構生成，但當然只能模仿其中一部分的元素，而「翻版」的結果是令地域本身失去獨特性，同時又無法與模仿對象東京的真正動力匹敵，於是便出現一種無根的漂流感。

人和地域之間的連繫，正是被城市空間的設計所一手摧毀，看透當中的無奈，再反過來檢視我們在地的身處環境，就不難找到當中的啟陳之處。

# 由商店街到便利店

在近年興起的本土運動中，街道抗爭是時常被採用的手段，先撇除政治訴求爭議，就算在街頭巷尾的墟市里集，往往也成為市民關注的目光焦點。

不少社區研究的經典著作，早已點明新舊設施混集的社區，才是最誘人的怡人居所，香港作家陳冠中也曾據此而肯定台灣的「可居度」較香港為高。事實上，香港也不乏新舊混集的社區，也同樣面臨被陸客自由行吞噬，以及更新重建後被連根拔起的憂慮恐懼。以上的歷程其實在日本早有前科，如果把我們的地方墟市里集與日本相較，那就是他們的「商店街」。或許，我們可以借回溯日本商店街的盛衰，從而回頭審視自身所處的墟市發展流向吧！

許多人往往以二元對立的角度區分百貨公司、商場與商店街的對立狀況，且常用由上而下（top down）或由下而上（bottom up）的概念劃分，最終帶出前者乃人為規劃，而後者是傳統形成等等一系列「政治正確」的典型文化研究想像分析。新雅史在《商店街為何滅亡——從社會、政治及經濟史探尋再生之路》（東京光文社，二〇一二）中，便言正辭嚴點明商店街的出現，屬進入二十世紀後的人為產物。

自一次大戰後，大量人口由日本農村流入城市，社會秩序不得不作出調整。面對大戰後的經濟不景氣和中小企相繼沒落，由財閥如三井及三菱等支撐的大企業抬頭，透過大規模化的工場吸納新增的勞動生力軍。最初的招募員工制度是所謂的「親方請負制」——簡言之就是以熟練技工為中心，由他們負責從故鄉招募人才，這正是日本所謂「組」的概念由來。但隨著社會的要求逐漸提升，聘請制度也逐步朝直接僱用制邁進，學歷開始受到重視，於是原先憑鄉里連繫延伸出來的城市僱傭關係因而瓦解。

## 商店街的出現

除了日本企業在大戰後引入直接聘用制，讓來自鄉里的農村子弟因為學歷不高而失去在城市謀生的機會外，加上如教育社會學者苅谷剛彥指出，當時日本剛通過了工場勞動者最低年齡法，使小學畢業生不可以直接進入勞動市場。基於以上就職制度及勞動法則的轉變，於是不少從鄉入城的年輕人便逐漸流入與買賣相關的零售業謀生。

戰後的社會背景是高物價而生活艱難，於是各地均出現由消費者主導的「協同組合」，他們以消費者聯盟的形式與供應商議價，從而壓低物價以應付生活所需。與此同時，開始有公設市場的出現。各地市政府為了確保不會因生活必須品欠缺（曾出現米荒騷動）而產生動盪，東京及大阪等地率先增設公市來平抑物價及支援市民生活。此外，百貨店也在此時開始湧現，並且經營策略日益向大眾靠攏，出售貨物由奢侈品如衣物及裝飾品等等，轉而擴展至日常的食材乃至雜貨，加上店舖面積大、分店網絡廣、免費送貨及發行優惠的商品券等等，使得小型零售商販的生存飽受威脅。零售商販於是便自發組織起針對百貨店的罷買運動、投石運動和愛鄉運動等等，以抵抗百貨店的入侵，並即時成為各地的新聞焦點。

簡言之，商店街正是在如上的社會環境中產生。經營上既吸納了消費者「協同組合」的策略，也同時參考公設市場的運作模式，然後利用對百貨店的對抗而展開布局——日本的商店街便正式登場——為了方便消費者辨認，他們參考百貨店以火車站地域為地標，也為自己豎立大量的街燈，把街燈建立為商店街的街路燈樹作為標誌。

## 罪魁禍首便利店？

便利店的出現，讓傳統的商店街乃至墟市陷入經營上的窘境。

在日本隨著第一所7-Eleven在一九七四年開設，由一九七七年至一九八七年的十年內，數量便急劇由不足五千銳增至三萬五千間！如果我們再仔細一點審視，千萬不可再停留於全球／本土，以及連鎖／個體等表面特徵，然後再立即冠上一些「政治正確」的分析草草了事，那便會成為人云亦云的盲從者。

事實上，日本的便利店東主，不少都是全國零售業的小店主，簡言之不少是放棄了他們在商店街內的身分，以適者生存的態度去投入「特許經營」模式的便利店系統。

首先，我們要留意即使同屬便利店，但其實各地的生存及經營模式均有不少差異，即使是7-Eleven的跨國品牌，但一旦在地化後也需要作出不同的文化調節。就以美日作對照，前者的東主多數擁有物業且最初大都是退伍軍人經營，後者則是土地的租賃者，大多為小零售商店的東主。另外，前者地大人疏，且通常與加油站相連，所以貨物種類及陳列對地緣環境較為敏感，各自要針對社區特色來考慮；後者地小人口集中，顧客通常徒步或踏自行車來，所以常用消耗品為主，而且不會期望顧客一次大量購物。

回頭再看商店街店舖東主，為何樂意積極成為便利店的經營者？是的，我們正是要從商店街的內部崩壞角度去思考問題！商店街的店鋪大部分都是家庭式經營，前鋪後居的情況普遍，子女也習慣空閒時於店內幫忙。隨著便利店的引進，二十四小時長時間經營根本就不是家庭式運作所能負荷，加上下一代在教育水平提升後，往往不願繼承店鋪，於是更加速了沒落。所以有先見之明的東主，不少選擇了便利店的生存模式，換言之是他們自我選擇了另一種存活形態。

## 現實的考慮

簡略介紹了日本商店街的興衰史，背後當然有對照的思考作用。

今時今日社會風氣習慣了二元對立的簡化思維，且慣了以佔據道德高地作為發聲的憑依，令大眾容易陷入偽善以及游談無根的陷阱。

我不是說自己擁戴單一化的連鎖便利店，而對充滿個體風情特色的商店街乃至墟市消亡無動於衷。事實上，自己也是香港大埔墟市的熱忱顧客，即使沒有任何具體目的，僅於其中穿梭已經令人心曠神怡。只不過我想提出的，乃一旦把社會的有形變化，一概用簡化的邏輯來硬套解讀，很容易成為衝動且傾向激化矛盾的一分子。正如提及日本的商店街變遷，背後牽涉家庭的解體，下一代不願繼承祖業，驟耳聽來所謂的有心人肯定會搖頭嘆息。然而只要回心一想，我早已提及商店街的出現，本來就是從鄉入城的剩餘勞動力，他們在無計可施之餘才投身的低門檻行業。事實上，當他們的條件提升之後，如學歷足以與城市長大者抗衡，自然而然有另作他選的考慮，這也是正常不過的歷程，甚至乃父母輩殷切期待的結果。

因此，我旨在提醒大家不要作偽善的人，意思是每個人都有懷舊乃至肯定地方風情品味的自由，甚至不妨身體力行去投入參與，但要記緊此乃個人的選擇取向，「政治正確」絕非放諸四海皆準的尚方寶劍。重視小店的老鋪風情，乃至其中的人情往來，背後根源正好建基於多元價值的執持及保留，故此對他人的相異取向，更加應該清楚及明白尊重與自己立場不同的他者之重要性。

# 市郊房地產逆向下流

最近香港刮起一股狙擊日本房地產的風潮，由衷而言我也有朋友從事此行業，而且個人也一度曾考慮是否購入作投資之用。這一股風潮的湧現，不離兩大誘因：一是入場成本低，數十萬港幣便可以成為日本公寓的業主，與香港動輒至少要有數百萬港幣才可以成為業主階級大有距離。二是租金的投資回報高，在大城市的單位不少有五至九厘的回報率，自然令人蠢蠢欲動。

數月前在考慮的時候，我沒有細心分析及查閱日本相關的社會分析，對為何出現以上的日本房地產逆向下流的情況不甚了解。最後仍然沒有投入這股浪潮中，其中最重要的原因，是看透了這批被放售的房地產單位，肯定是因為再沒有日本本土市場的需求，才會出現誘使引進外來資金從而製造出「托市」效果的市場手法。簡言之，一旦購入相關房地產，便要有心理準備，極可能不會再有下一手「接貨」，除非另有其他的海外投資者入市。所以入場費雖然不高，但被「壓死」的風險甚大，只能寄望透過租金收入來填補差額。

當然，以上只是個人的淺見。

## 三百萬日元買房子

曾經因《下流社會》一書而名噪一時的三浦展，其實一直是研究日本郊外問題的專家。最近看他分析日本都市及郊外發展的新著，對日本房地產的近年變化，又形成另一番體會。

原來日本房地產的破底，不僅令香港的投資者趨之若鶩下海入場，同時也令日本人大跌眼鏡。三浦展身兼琦玉縣（東京市郊）公寓發展委員會的成員，提及二〇一二年進入大量的實地視察後，發現過去由政府主導建設的公寓地區，現在已陷入十室九空的狀況。一旦從房地產公司索取資料查看，便可見到二手房屋，有２ＬＤＫ（即有客廳、浴室、廚房及兩個睡房）佔五十二平方米的房子，竟然只賣三百九十萬日元！那是一九七四年建造的房子，離西武新宿線新狹山站約十分鐘的公車車程，管理完善，連內部的浴室及廚房組件也剛更換過——連日本人自身也興起會不會過分便宜的疑問？

根據三浦展的分析，狹山市的地價在一九八四年大約為每平方米十四萬日元，而泡沫經濟期曾衝上三十萬的高峰，其後已逐年下跌，到二〇一一年已回落至十二萬左右。換句話說，相對二十年前已下跌了約四成，甚至可說大致回到三十年前的水準。事實上，日本股價也不約而同大致回落至三十年前情況，兩者的走勢正好反映出日本的經濟狀況。

除了狹山市，許多東京市郊的大型公寓地區，同樣面對地價下調的壓力。整體而言，由一九九二年至二〇一一年，東京市郊基本上已下調了五至六成的地價。千葉新市鎮的白井市跌了65%，世田谷的三軒茶屋下跌了27%，東急田園都市線的青葉區下跌35%，武藏野市吉祥寺南町下跌了40%——大抵數字已說明了一切。

## 郊外鬼城年代

三浦展指出當連狹山市的2LDK，也可以下降至三百萬日元的水平，其實即使是一名普通的日本二十代的OL，也同樣可以負擔得起。只要與父母同住數年，在此期間積極儲蓄，三年來要有三百萬的儲蓄絕非天方夜譚。

但現實的問題是買得起二手2LDK市郊房子的二十代女OL，他們會作出以上的投資嗎？答案正是不！對OL來說，要花一小時以上來往都市市中心區，基本就不是他們的考慮之列，甚至有能力的情願花上二、三千萬在市中心置業，也絕不會考慮市郊的二手優質房屋。正如三浦展明言，未來的日本市郊將進入鬼城年代，即出現房屋大量空置化的情況。參看現有數字，千葉縣的空置率為12%，琦玉縣為12%。若從城市的細部觀察，狹山市為23%，大宮及川越市為25%，均可說不可謂不驚人！

所以，回應先前的分析，今天日本房地產的劈價向海外賣家求售，實屬不得已的救亡策略，本土需求及購買能力已跌至新低點。而且所謂的供應充足，也非甚麼日本政府的惠民政策，不過是現實剩下大量的空置公寓，因而在供求條件的調節下出現的「利民」結果。更為甚者，一旦配合社會現實情況來分析思考，試想想在一個面對高度天災人禍（大地震、海嘯及核電事故）的生存環境中，將心比心去代入考慮，你仍然會願意把大量資金投入進房地產上去嗎？日本人面對未來高度的不確定性，連自己免受輻射傷害的安全保障也得不到確認，而房地產屬流動性極低的投資項目，更加令人望而卻步。海外投資者更加需要三思而後行。

## 鬼城的由來

好了，說了那麼久，還是應回去審視一下日本房地產為何會出現眼前的局面。一些耳熟能詳的社會因素，當然一定有影響，如日本整體上經濟上的不景氣，以及人口減少以及進入高齡化社會等問題，絕對正在產生作用。

就人口資料而言，日本人口於二〇一〇年為一億二千八百萬人，二〇五〇年預計會降至九千七百萬人，可說銳減的走勢頗為明顯。至於高齡化的問題更嚴重，預計到二〇四〇年的日本人口中，有36％的三千多萬人為六十五歲以上的長者！面對以上的人口資料走向，房地產出現十室九空的情況也份屬當然之事。

從社會結構的角度出發，女性大量積極投入社會工作才是關鍵性的因素。事實上，日本市郊大量建設大量公寓住宅，其實是針對上一代全民就業終身僱用的時期而發，當年大部分女性在婚後即留在家中，基本上沒有上班的需要，所以市郊交通不便的因素對他們沒有多大影響。更為甚者，市郊相對於市中心而言，有更廣闊的野外空間、休憩場所，以及與大自然接觸的機會也大增，是家庭養育子女成長的理想環境。因此不少父親，情願把交通不便的影響扛在肩上，也希望下一代可以在較健康的環境中成長。可是現在隨著男女角色易位，加上終身僱用制的崩壞，男女雙方面對同時需要工作的壓力下，市郊公寓的優勢蕩然無存。

最後，日本人結婚成家立室產子的意欲低下，自然也是市郊地價崩潰的主因。既然沒有下一代的誘因，面對人人為自己而活的氛圍，一切為長遠而設的建築及環境因素，都變得再無意義了。

# 角田光代的泡沫女性

作為一個甚受歡迎且小說不斷被搬上銀幕的流行作家，角田光代的確與日本的時代脈搏息息相關。她的《空中庭園》早在二〇〇五年已由豐田利晃拍成電影，女主角還是小泉今日子；《真晝之花》也在同年被秋原正俊改編上銀幕，女主角為森下千里；《女人一生的十二個禮物》更拍成兩齣電影，上篇《情人鑰匙》二〇〇六年由日向朝子執導，女主角是廣末涼子；下篇《海膽煎餅》二〇〇七年由石井貴英執導，女主角為戶田惠梨香。而她最負盛名的改編銀幕代表作，肯定以二〇一一年的《第八日的蟬》為代表，導演是成島出，女主角是永作博美和井上真央。有這樣的改編「業績」，大抵足以說明她的小說作為跨媒體文本的叫座力。

## 泡沫經濟期產品

日本文評家大杉重男在〈對岸的八〇年代〉中，強調要認識角田光代，必須把她的作品置於泡沫經濟期的具體時空中。他指出八〇年代是當代日本的超樂觀時期，當中如經濟大國、一億總中流及新人類等充滿朝氣的名目不斷湧現，盛載一個急速消費及高度發展的時代氣息。但自從泡沫經濟於九〇年代開始爆破後，社會上陸續出現針對泡沫經濟的反省批評言論，而由「清貧」至「在職貧窮」等社會下流化的相關負面標籤也同步出現，紛紛說明代際之間的對立，而泡沫經濟幾成為萬惡之源，甚至有人認為三一一的東日本大地震可說是把泡沫經濟最後僅餘的大幻影均一舉摧毀，令所有日本人不得不張眼正視目前嚴峻不已的客觀形勢。

大杉重男指出角田光代的小說，當中設定的女主角往往流露濃烈的泡沫經濟年代氣息。他以一九八九年極為流行的女性就職雜誌《SALIDA》的廣告歌曲〈憲法第22條之歌〉作對照說明：當年仙道敦子和高橋幸宏（YMO成員）的酷透廣告，一方面透過仙道敦子的呢喃軟語歌出「職業選擇的自由，AHAHAN」的女主解放之音，卻又在不同版本中同樣流露依偎憑靠男方的構圖，從中正好反映出一種時代的曖昧性——女性乘著時代經濟高飛，於是獲得獨立解放的幻影，但同時內心對男性的依存，構成一種自我欺騙的構造，在表與裡之間造成一種矛盾的張力來。

角田光代的小說，正好對以上的女性自主心理矛盾，有精準及深刻的描繪刻劃。

## 《尋找幸福的遊戲》的自由幻象

《尋找幸福的遊戲》（一九九一，中譯本台灣角川二〇〇六）是角田光代的出道作，當中也流露出她明確的泡沫經濟時代氣息（角田生於一九六七年，屬典型受惠於泡沫經濟期年代的女性）。小說內容是「我」與友人立人一起進了大學的研究院，連同立人的高中同學晴男，三人開展了一種微妙的同居關係。三人既非戀人也非家人，而大家開始時便定下規條「禁止室友之間的不當異性行為」。對「我」來說，這種三人行的同居關係接近身處天國的快樂，可是對另外兩人卻有不一樣的感受。三個月後，「我」和晴男便在室內發生了性關係，於是當中微妙的平衡也隨之打破。立人不斷迫問「我」，究竟「喜歡我嗎？」，是「作為男性？作為戀人？還是兩者都是？又或是作為家人？」等等，「我」的回應是只能肯定只想繼續遊戲下去。

「我」所體現的正是泡沫經濟年代的時代烙印，追求從固有的關係中的釋放，自由獨立成了最大的盼望。小說中結局前「我」剩下一個人，晴男及立人均離她而去，她在夢中看到一群小孩，當其中一個說回家了，其他的便一應跟從，只有一名穿紅衣的女孩表示要留下繼續玩樂，那當然就是「我」的潛意識分身。而角田光代早期小說，大部分女主角均是自由工作者，也正好是以一種無定向風，總之抗拒定論終局的生存法則面對未來，當中既包含曖昧的一面，同時也正好因泡沫經濟所帶來的經濟餘裕，而得以讓女主角可以有空間尋搜自我下去。

## 《對岸的她》的自省

如果一九九一年《尋找幸福的遊戲》為角田光代摘下海燕文學新人賞，說明了文壇對她的即時認同及肯定，那麼二〇〇五年的《對岸的她》（中譯本台灣麥田二〇〇八）取得直木賞更加充明說明她受到更廣泛的社會認同。在《對岸的她》中，承接自泡沫經濟期而來的女性，經歲月磨練後的自省回顧，來得更具血肉氣息，故事的焦點正好集中在兩名同為三十五歲的「泡沫經濟年代」女性之對立身上。

小夜子厭倦了辦公室女同事間的勾心鬥角而走入婚姻，甚至生了孩子，卻發現難以融入公園媽媽族的小圈子，因害怕孤獨而想再度就業。就在四處找工作之際，她遇見了葵。而葵是開朗豪爽的未婚年輕女性實業家。她看到小夜子，一見如故，熱情接納小夜子，也讓小夜子對她充滿感謝與信賴。然而，葵有個秘密，學生時代曾和好友魚子一起離家出走，被媒體誤以為是同性戀少女……

簡言之，葵感染於八〇年代的泡沫氣息後，以離家出走來表現時代抉擇。時移世易，當她於中年時再遇上小夜子，便化身成為魚子的角色，改為誘使小夜子滑離賢妻良母的軌道，好像補償當年未完成的革命。但更深刻的時代精神烙印，其實是在泡沫經濟飛揚背後，一代人均陷入極為害怕孤獨的時代心態中，此意識後來會演化為九〇年代排山倒海而來的欺淩心理背景。其中，有沒有朋友？以及一個人如何倖存下來（葵的遭遇）？都是明顯的時代烙印。角田光代正好透過不同女性形象的建構，一次又一次探索經歷泡沫經濟物質豐盛大幻影後，如何能再展開下半場人生的可能性。

# 情報世界下的伊坂幸太郎

該怎樣說好呢？好像總是對伊坂幸太郎念念不忘，但現實上於他的作品，又的確不斷尋覓到言說的新意思。

最近看圓堂都司昭的分析，他指出二〇一〇年被認為是日本的「電子書籍元年」，意味著不少出版社正式大規模認真思考及開發電子書籍，而不再如以前僅視為聊備一格的補充形式。一般而言，過去較為全面以電子書籍形式發行的，通常僅限於手機小說，因為文章短小，而且傾向以片段式方法寫作，加上讀者大抵也是手機上的活躍網路使用者，故此收到的效果較為顯著。但進入「電子書籍元年」，圓堂都司昭認為一些本來被公認為「書籍化」的作家，也大舉進入電子書的市場，成為一個值得關注的現象，其中一個重要人物正是伊坂幸太郎。

## 伊坂情報網

伊坂活躍於電子書籍市場，並不教人感到意外。圓堂都司昭指出伊坂從來就是多媒體游走的代表人物。他與音樂創作人齊藤和義早曾合作，由伊坂寫短篇而齊藤譜曲作歌（二〇〇七）。後來更與拍山下敦弘導演，把日本一隊搖滾知名樂隊「The Pee's」的名曲〈實驗四號〉改編成短篇電影，且以DVD形式發行（二〇〇八）。另外《SOS之猿》（二〇〇九）更與五十嵐大介的漫畫《SARU》來一次共同世界觀的競作。凡此種種，均可以看到伊坂不安於位以及敢於冒險挑戰的特質，所以率先進入電子書籍大家庭的取態可說是正常不過的發展。

事實上，伊坂也確屬最有優勢去進入電子市場的暢銷作家。近年留意日本出版動向的讀者不難發現，他是最積極出版作家專輯特刊的一人（KAWADE夢Mook及洋泉社Mook），特刊中積極把伊坂的作品連結成一個自我圓足的情報世界，由地景（大部分伊坂小說均以故鄉仙台為背景）至人物（不少伊坂的角色會游走於不同的小說中）均匯聚成龐大的情報網。據圓堂都司昭所言，電子化的伊坂小說更可把以上的優勢發揮，如電子版的《LUSH LIFE》為了把伊坂的情報世界盡情展示，更在關鍵小偷角色黑澤出現的場面，提供連結至他在其他伊坂小說出現的片段供對照閱讀，從而令讀者有更整全的印象，也正是電子版突破書籍實體揭頁局限的最佳作用。

## 《瓢蟲》的網絡

伊坂的《瓢蟲》（二〇一〇）大抵正好點明他對情報建構的敏感度，一方面它號稱為《蚱蜢》（二〇〇四）的續篇，但其實不過由殺手故事開始延伸切入，內容世界保持若即若離的關係，反映出從構思上已深明出入之間的連繫性及獨立性。此外，全書基本上均以行駛中的新幹線為舞台，大家自然勾起出道作《LUSH LIFE》（二〇〇二）的美好追憶，更為甚者他同時借新幹線的情報資訊流通特質，從而與小說情節的鋪展扯上緊密關係。

小說中四組人物在新幹線的混戰——天才惡魔少年王子不斷企圖去操控他人的生死；前殺手木村希望替被陷害的兒子復仇；殺人二人組蜜柑和檸檬要救回人質及奪回贖金給委託人；倒楣殺手七尾則是要偷取贖金的另一股力量。他們在車上的角力，差不多全是透過電話及電郵來展示作為處於密室象徵的新幹線內，來營造與外界互動的糾纏關係——情報主宰人生命運的主題昭然若揭。

小說人物更曾就新幹線流報的資料作出討論，指出在每卡車廂內流佈的電子資料，一部分源自車內的自動系統，如下一站是某某等；另一部分如新聞及廣告等，則是由東京的總合指令部直接發出。當中正好含蓄地點明人生的活動限界以及來自不同領域的無形操控。

當中的趣味，我認為正是伊坂深諳日常與荒謬為一體兩面的道理。

在貌似奇異的連串殺手故事中，他一次又一次把他們演繹為平凡不過的日常人物，令荒謬題材融入濃厚的現實生活氣息，儼然發生在你我身上。可是同時也借此來委婉地提出沉重嚴厲的存在命題，例如：為什麼不可以殺人？誰在掌管操控我們的人生？我們的日常生活真的自由嗎？……諸如此類的輕重轉換交織，正好成就出伊坂的獨特風格魅力。

# 學校階級制與成長的荒謬

學校階級制（school caste system）一直是日本進入〇〇年代後的教育界熱門話題，它與校園欺凌緊扣一起，差不多已成為日本中、小學生的常規共同生活體驗。辻村深月一向是以此主題的小說能力，早在二〇〇七年的《我的料理量匙》中已正面處理以上的問題。在《請殺了我》的近著，繼續把學校階級制的現實日本教育前線環境，和恐怖驚慄元素結合起來，創造出另一本暢銷話題作來。

## 學校階級制的遊戲

學校階級制指在日本當前的學校空間，於學生之間自然而然生成的序列式階級制度，令學生排列成不同等級的生員，成為社會認定的一種青少年問題，更往往與校園欺凌乃至拒絕登校等學生次文化扣上關連。

一般而言，在學校階級制的序列中，通常由以下組別範疇佔據了等級序列的上層：戀愛及性愛經驗豐富、容貌姿色出眾、衣飾打扮觸覺敏鋭、善於捕捉及了解場合氣氛、參與體育性質的學會活動，而且又以不良文化或是尋找自我一族為先。相對來說，御宅族及繭居族等自我封閉人士，便處於序列的下層了。

在接受台灣《今周刊》訪問時，辻村深月指出從小已立志成為小説家，並表白因為成績不可能與同學相比，更強化了需要透過寫作來肯定自我的欲望。她更打趣道，當同學閱讀自己作品後，指出不可程度及類型的問題，甚至有人積極提供修改建議，令構思的邏輯上可減少錯漏，自己也是在邊流淚邊修改的情況下堅持下去。她直言十分關注十多歲的青少年，因為自己在同時期也經歷了不少痛苦日子，所以更希望可以透過自己的小説，為他們帶來生存的力量及勇氣。

我認為她的成長背景，恰好説明了作品中對學校階級制的關注根源。正是因為從小已知悉學校的成長背景，會因應不同條件而把學生標籤劃分，所以任何一人均不能置身事外。雖然對他人來説可能是微不足道的小事，但對處於成長期，心理如波瀾起伏的敏感青少年而言，一切均可以無限放大至影響尤深的地步。再加上她大學畢業後，也僅回家鄉當公務員，六年後才辭職當專業作家，每天過著極為平凡的生活，像是接送女兒上學及等待丈夫回家等等，普通且規律化的節奏反而令她更細微地照顧到一般青少年讀者的心理欲求。尤其在刻劃青少年學校生活中所經歷的種種困擾，她尤其擅長及稱職。

在辻村深月的《請殺了我》之中，她為女主角小林安設定的朋輩正是以籃球社以及戀愛上位的群組為依據，而且也不斷以醜化他者為務，例如對外表不帥，卻一旦集結成團體時又會流露強烈的共同意志的男同學名為「昆蟲男」。有趣的是，小林安雖然是自已群組內的特異分子，但「昆蟲男」的命名者正是她，反映出她也是建構學校階級制的共犯。雖然小說一開始就是她被以芹香為首的同伴杯葛，但其實她曾與芹香一起向倖也施以冷待，小說到終局安也與芹香等人保持關係，可見學校階級制的構成早已深入骨髓——甚至施虐者及受虐者可以同屬一人，在階級制內的位置和角色也可不斷更易，簡言之彼此均身處其中不能置身事外。

## 拙劣的模擬

我認為辻村深月過人的地方，是很清楚小說描述世界背後的共犯性質。

小說介紹小林安母親鍾情《清秀佳人》，寫得非常精闢。安指出母親是一天生的美人，但品味拙劣，全無內涵。她對《清秀佳人》徹底入迷，連結婚時的婚紗也選取了公主蓬蓬袖禮服。有一次看電影時，因為播的不是配音版而大吵大鬧，嚴正認為《清秀佳人》只應看配音版，一旦沒有配音則成了另一作品了。而此正是作者觀察入微的地方，反映出安母投入的世界，其實是一個絕緣的模擬拙劣版本，和文本原來的語境已經有天淵之別。安對母親半吊子又缺乏個性的庸俗品味極為不滿，對自己的名字「安」由《清秀佳人》而來感到憎惡。

在《請殺了我》中，安和同學德川成為學校環境中的酷異者，前者更要求後者殺死自己，這也是書名的由來。他們看澀澤龍彥的《少女收藏緒論》，嚮往《臨床少女》中的受傷女人偶相片，半吊子地穿插三島由紀夫在言說之中，彼此在竭力追求突破眼前庸俗世界的制肘。是的，那不過是對「中二病」的一種抗拒還擊的手段，但背後的現實是兩人所走的路，與安母對《清秀佳人》的拙劣模仿並無差異。

作者一方面透過芹香的口中道出德川在故鄉的出類拔萃，他一次就考上美術大學，令留在故鄉的同學變得跟蠢蛋無異云云。但與此同時，德川留給安的筆記本，當中接近二十頁的圖書，其實也不過全屬《臨床少女》的模仿畫象，而最終安與德川的故事，亦是俗套得過分理所當然的預告情侶結局收結——安向德川發問：「告訴我，你東京的地址。」

到頭來「請殺了我」的駭人遊戲，原來也不過是談情說愛的點綴情節；母女兩代其實都同樣沉醉於拙劣的模擬卻自我圓足的絕緣世界中。

辻村深月提醒讀者，社會問題的名目樣貌或許有異，但本質往往萬變不離其宗，只視乎旁人能否看透表象的虛飾。每一個世代均需要不同的內容來支撐「反叛」的歷程，可最後的結果反而不太重要——這大抵就是背後的核心價值所在。

## 零戰想像

把《風起》和《永遠的0》並置而言，絕非偶然之舉。首先，兩者同屬二〇一三年之作，而且又是以日本二戰中的「零戰」戰機為題材焦點，對照並讀可謂理所當然。更為甚者，前者導演宮崎駿在《永遠的0》公映後，更以不公開點名方式批評後者捏造戰爭神話，儼然企圖把自己的反戰立場與後者原著創作人百田尚樹加以對立劃清界線，我覺得這一點更加足以令大家深思反省一下。

### 誰是反戰者？

首先，我得先指出一項基本事實：在現實場合表露的政治立場，和作品中所呈現的世界觀及態度，絕對屬兩碼子事。宮崎駿在人前人後的確不時貫徹地表現出反戰的態度，但在《風起》中他的戰爭軍事宅本質與理性上的反戰立場，確實有所衝突。宮崎駿費了大量心思去粉飾「戰犯」堀越二郎——首先，觀眾不難發現堀越二郎和里見菜穗子的愛情線，是為了令大家對這位「戰犯」產生好感的重要手段之一。然而不要忘記，此是依據堀辰雄的小說改編而成的故事，而事實上堀越二郎和堀辰雄本來就是全無關連的人物。小說中菜穗子的遭遇，其實是以堀辰雄自己為藍本的——他的未婚妻正是因肺結核而死，所以是把個人經驗虛構地移植至堀越二郎身上去的創作技倆。

此外，宮崎駿在《風起》中，故意讓堀越二郎以凡事也不表態的形象，從而出現在觀眾眼前，尤其是針對關於飛機與軍事武器之間的連繫，更加緘默不言。在文本中，二郎極其量只有「戰爭呀……」之類的嘆喟，但背後正好包含了「我真是很喜歡在空中飛翔」以及「戰爭始終不太好」相若的矛盾潛台詞。只不過一旦抽出來審視，其實也並不難理解，前提正是在時代的制約下，究竟堅持追夢還是守持人性基本原則重要？

可是現實中有趣的是，不少人或許因為宮崎駿過去作品的緣故，又或是因為他所作出的反戰公開言論，往往對《風起》所流露的表裡不一視若無睹。這一點中外皆然，在西方研究日本電影的專門網站 Midnighteye（www.midnighteye.com）上，Jack Lichten 便撰文分析近來的日本戰爭電影。諷刺的是，他一方面明言在《風起》中看不到宮崎駿宣揚任何反戰意識，且肯定電影焦點在肯定個人才能及創造力上；但又不斷引用宮崎駿的訪問來突出他的反戰觀點，簡言之就是以現實中的宮崎駿言說，來詮釋《風起》於文本中不存的內容看法。這正是諷刺的核心所在。

## 《永遠的0》，因人廢言

相若的情況，發生在《永遠的0》及小說原著者百田尚樹身上。百田尚樹除了是日本暢銷小說家外，也是NHK經營委員會的成員之一。他本人的政治立場非常保守且右傾，既曾鼓吹安倍政權要加速重建軍隊編制，甚至公開質疑南京大屠殺的真偽性。表面上看來，從現實言論建構出來的公眾形象而言，宮崎駿拍出來的理所當然就是反戰片，反過來百田尚樹的小說及化成電影的《永遠的0》必然就是美化戰爭的主戰片了。

當然，如果現實關係如此簡單直接明瞭，大抵人世間自會去除不少紛擾；不過於我而言，樂趣也肯定也大為降低，因為人生的複雜性往往正好在於人性的糾纏不清表裏不一。事實上，認同《永遠的0》屬主戰片的日本名人大有人在，除了宮崎駿不點名加以批評外，連導演井筒和幸及小說家石田衣良等等，均口伐筆誅，批評電影充滿美化神風特攻隊的意識。百田尚樹當然也有施以還擊，不過我覺得他提出其一的觀察甚有意思——他認為不少批評者其實也沒有看過原著小說，然後便妄加責難了。

《永遠的0》的主角是一名「廢青」佐伯健太郎，他因為考試落榜，前路茫茫，正處於人生低谷，湊巧姊姊致電以半強迫的姿態，要求他去追查親生外祖父宮部久藏的身世，其有限生平線索僅為「以神風特攻隊隊員身分戰死於沖繩上空的二十六歲青年」。原來宮部久藏是健太郎外祖母的前夫，在戰時過身後，外祖母改嫁給現在仍未去世的大石賢一郎。後者一手撫養健太郎的母親長大，而且對他倆姐弟也寵愛有加，反而血緣上的親生外祖父與健太郎的連繫卻十分疏離。但在開展生平探尋的工程後，經過訪問不少曾參戰及認識親生外祖父的戰友，得出他被人批評為膽小鬼，但同時又有人認為他是空戰天才，而唯一的共識是人人均知道外祖父深愛太太，立志要活著回到家人身邊。

電影基本上甚為忠於原著，改動部分有限，而且也沒有更易了原著精神。僅就以上的簡介而言，即使沒有看過小說及電影的讀者，均不難得到反戰的印象——百田尚樹顯然強調人性價值（宮本久藏視自己生死對家人的影響，遠遠高於對國家），那屬明確不過的反戰立場，而且作品中也有不少批評軍方泯滅人性的舉動，例如半強迫地把不少年輕人推上戰場進行十死零生的自殺式攻擊任務，又或是不理飛行員的死活要他們進行不切實際的任務等等。

我覺得這正是現實中的荒謬之處——口出反戰言論之宮崎駿，拍成《風起》來美化戰爭

「英雄」堀越二郎，卻仍可搶佔道德高地批評他人的主戰意識。反過來現實中保守右傾的百田尚樹，寫成反戰的《永遠的0》則淪為他人攻訐為主戰證據的憑依。

## 誰比較好戰或反戰？

是的，我想指出的為一旦要分析作品，大家還是要回到文本中去尋找證據，而不是道聽塗說地胡亂插口評議。其實在《永遠的0》的小說中，早已有針對《風起》崇拜供奉對象堀越二郎的還擊了。

在《風起》中，正如上文所言，宮崎駿用了不少手段來美化堀越二郎的形象，簡言之就是要顯出他的人性化特質，而在戰爭期間生產「零戰」這種殺人武器，不過屬時代宿命使然。他所能夠做的不過在盡其設計師的本分，把個人的創造力發揮至極致而已。

在《永遠的0》中，當宮部手下井崎對「零戰」的性能大加讚嘆之時，被認定為日本海軍中「零戰」第一高手的宮部便作出以下的回應：「可以持續飛八小時的飛機很了不起，但是，設計飛機的人並沒有考慮到飛行員的問題。在八個小時內，飛行員不能有片刻的大意。我們不是民用航空機的飛行員，必須在不知道什麼時候會出現敵人的戰場上飛行八小時，已經超過了體力的極限。我們不是機器，而是活生生的人，製造出可以飛八小時飛機的人，有沒有想到必須有人來開飛機？」

超強的續航能力，正是「零戰」的優勝處之一。宮部提及的設計者，正是宮崎駿歌頌的堀越二郎。

我唯一不認同宮部的是堀越二郎當然不是沒有考慮到飛行員的體力上限問題，只不過我更相信他的觀念和日本軍方上層如出一轍，就是飛行員不過是工具之一罷了——這就是時常擺出一副道貌岸然態度立場的宮崎駿大導演，所傾情頌讚的「零戰」設計者堀越二郎的真貌。

# 就（8F41）活（8A88）百（9553）相（918A）

# 由半澤直樹談起

《半澤直樹》（二〇一三）的熱潮也差不多距今有幾年之遙，由衷而言我一直對《半澤直樹》看得毫不起勁，因為當中的漫畫化式演技不對脾胃，更為甚者是其中關於日本職場的言說，於我而言並不新鮮，在不少同類型的先行作品中早已刻劃至荼靡之地。

## 日本職場小說脈絡

看了真實一郎及宇野常寬的對談，更加強化了我以上的看法。《半澤直樹》依據池井戶潤的《我們是泡沫入行組》（二〇〇四）及《我們是花樣泡沫組》（二〇〇八）改編而成。根據真實一郎的整理，他指出日本的職場小說，於五〇年代由源氏雞太已開始努力經營，作者本人曾是財閥系企業的經理，透過二十五年來在財經界的生存體驗，化身成暢銷的上班族小說專門作家，一九五一年更曾以《英語先生》摘下第二十五屆的直木獎。他竭力刻劃以戰後企業內部賞善罰惡為主題的大團圓式小說，令此成為上班族小說的正色。但隨著社會出現不景氣的現象，以上的主題也逐漸失去了現實感。

在七〇年代中，城山三郎及山崎豐子都是職場小說的代言人。前者在大學執經濟科教鞭，又同時是知名作家，如《總會屋錦城》的企業小說便曾奪得第四十屆的直木獎。而在二〇一三年辭世的山崎豐子，固然因《白色巨塔》（一九六五—一九六九）及《華麗一族》（一九七三）等名作及所改編出來的電視劇而為人傳誦及熟知，但她的記者出身也成就了不少一流的企業小說，像是以吉本興業創業者為參考對象寫成的《花暖簾》（一九五八）正是當中的代表作，同時也獲第三十九屆直木獎。當中已悄悄地把焦點轉為個人如何與職場內大大小小潛規則奮戰的人性之作，緊扣時代脈動而發展。

所以，真實一郎不諱言池井戶潤的「半澤直樹」系列，內容上其實毫無新意，某程度不過重複與回到源氏雞太的賞善罰惡主題中，充其量只可視之為以上一眾以企業職場小說揚名且稱霸直木獎作家的「完成形」而已。

我認為《半澤直樹》受歡迎，和電視劇的漫畫式誇張演繹不無關係，但這也是我不太能看下去的原因之一。宇野常寬也打趣道由香川照之飾演大反派大和田的演繹方法來看，委實很難不讓人捧腹大笑。真實一郎循此點出其實與《半澤直樹》同期（二〇一三年七月）放映的電視劇中，還有由ＮＨＫ改編自池井戶潤另一小說的《七場會議》（二〇一二），小說以中堅電機生產商為背景，透過公司內不同社員的計算，從而勾勒出他們逐一捲入不祥事中的過程來，是一齣緊湊誘人的群像劇。可是電視劇卻沒有引起多大迴響，可說是靜悄悄地淡出，或許某程度與拍攝風格力求真實，以追求現實化的迫力為務有關，正好與《半澤直樹》黑白分明的臉譜化演繹風格大異其趣。

## 電視劇的復權

不過我覺得《半澤直樹》更有趣的啟示，是由此帶出電視劇的復權來。一直倡言網路年代已來臨，強調「夜之世界」（相對於傳統上大眾傳媒如電視台及報刊等的「日之世界」）已成新流向的宇野常寬，也不得不承認由《半澤直樹》及《小海女》於二〇一三年所揭起的電視劇風潮而言，某程度可以看為電視劇的復權以及網路敗北的象徵，而且兩者不約而同是以「團塊Junior」中的「Aro For」世代為主要的針對觀眾對象。

「Aro For」是「Around Forty」的日式簡稱——那是〇八年日本的「潮語」，出自ＴＢＳ的劇集《Around 四十——要求多多的女性》（台灣放映時譯為《熟女在身邊》）。

她們在八〇年代的日本泡沫經濟時期度過了青春歲月，自一九八六年男女僱用機會均等法實施後成為就業人口，成為會社公司的正規社員，體現出日本新時代都會女性的自主優越角色身分。

此世代仍然與傳統媒體（所謂「日之世界」）以及既有職場有千頭萬緒的關係牽連。宇野常寬也不禁打趣道自己同年代的人，看《半澤直樹》的即時反應就是為何不立即辭職，然後在外部重新尋找向大和田復仇的機會，反而仍要在銀行內苟活掙扎下去，這大抵正好道出了世代差異的體認來。事實上，二〇一三年除了以上的作品，春季其實還有甚受歡迎的《最後的灰姑娘》（富士），內容正是以一名「Aro For」的美容師為主線的愛情劇，可以看成為「Aro For」主導流行文化的高峰期顯影。

宇野常寬借此指出他們大部分正屬戰後上班族中的最後世代，當然對他以新世代文化人自居的論者來說，背後的潛台詞為此乃屬「日之世界」的迴光反照表現。不過，對我來說，就沒有看得如此簡單，所謂網路的奪權，從來都不是口中說說就成事的便捷轉化。更重要的，任何轉化不可能與商業利益脫鉤，光把網路世代視為理想的烏托邦，實屬過分簡化的看法。像是 AKB48 成員遭瘋子以無差別行兇方式（犯人已確認非 AKB48 粉絲）攻擊，正好說明現實中的情況複雜多變，絕不可簡易地用黑白二分的方式去理解分析。

真實一郎所指出，《半澤直樹》的續篇已經在製作中，今次依據的是原小說系列的第三作《失落世代的逆襲》（二〇一二），以半澤的手下為中心，正式展示世代論的衝突來。當中正好以宇野關心的世代鬥爭為焦點，但諷刺的是它同樣需要以電視劇的載體來經營，才能吸引社會各界的注意。

所謂的世代權力轉移，的確並非一件輕易言說即可成功的宏大企劃。

# 大學生就職活動的日本小說角度

我的大學生歲月終結於一九九〇年，那時候的香港仍屬經濟相對穩定的社會氣候，加上自己生性慵懶，所以也沒有參與過太多的大學生就職活動。而且也因為早已有「內定錄取」的安排，一畢業便會到香港電台工作，就更加沒有動力投入勞神費勁的就職活動生死戰。當然，那是我的好運氣之故，亦與時代氛圍的大背景相關，一旦回到今時今日的眼前時空，相信我早已成為求職失敗的負方成員之一。

## 學生的陰暗面

日本稱大學生就職活動為「就活」，只要在網路上輸入此詞，鋪天蓋地的資料便會排山倒海地湧現眼前。今次我想提的就是日本新銳當紅小說家朝井遼的新著《何者》（二〇一二，台灣貓頭鷹出版中譯本二〇一四）。朝井遼於早稻田大學期間，早已憑《聽說桐島退社了》（二〇〇九，台灣貓頭鷹出版中譯本二〇一三）打響名堂，成為當代日本青春文學的大旗手。二〇一二年的《何者》，以大學生就職活動為題材，精準地捕捉時下年輕人的心態，同時又緊扣社會脈絡變化，此亦與作者自身正好大學畢業開始進入社會工作的個人背景互相呼應。小說後來獲第一百四十八回的直木賞，而朝井遼也成為五十年來最年輕的直木賞得主。

朝井遼一向善於利用學生年代的轉折時刻，作為切入社群人物的出發點，由此而勾勒出一種時代屬性來，所以他的小說時常予人可以作為社會現象的對應解讀藍本意味。朝井的小說十分聰明，處女作《聽說桐島退社了》以高校為小說舞台，主角桐島從排球部退社，以他身邊五名好友為視線出發點，當中既有喜歡體育，也有喜歡文化的不同男女，由他們各自表述從而再展示出他們如何去想像桐島的世界——當然，背後也帶出校園生活本無真貌，彼此也各自囿於一己喜好去選擇想看到的一部分。後來在新作《少女不畢業》（二〇一二，台灣貓頭鷹出版中譯本二〇一四）中，他利用相同的敘述手法，以即將廢校的高中為背景，把在校生與畢業生於遲來了的畢業禮上的交會感慨，由七名少女的不同視點出發，把文化祭、社團活動、戀愛及高中生活等等作相互穿插，從而把快將逝去的學校內之秘密一一披露展示。

兩本小說都充滿校園氣息，在書頁之間，讀者在自行車、排球、耳機、可愛粉飾的便當盒、書本及相機等相關物事上游走。而校園的空間更被充分利用，如體育場館、校舍的屋頂、舞台乃至少人出入的學校倉庫等。當以上的細節逐一出現，我感到驚訝的是作者竟然可以在狹小的天地中迴旋，從而令人發現原來在大家均耳熟能詳的校園內，原來可以有那麼多的隱藏細節有待探尋。

學生社群中本來貌似團結以及友情凝聚的交結背景，往往藏著不少不為人知的陰暗面，這正是朝井遼世界的核心命題，在以大學生就職活動為背景的小說《何者》中，其實同樣都是在相同主題下作出變奏的一次嘗試而已。

## 日本式就活風雲

書中提及不少日本的就活習尚要求，或許在此先與大家聊作分享，其一就是大部分的公司企業第一步均要求應徵者作網路測驗，通常要求應徵者在短時間之內解答出一大堆的測試問題，對數學一竅不通的人往往不太擅長此關，一緊張起來就腦袋打結，一不留神就立即於此關被刷下來。

可是，大家廣泛流傳網路測驗的精粹，並非在於真正測試的解題能力，因為網路測驗是各自在限定時間內於電腦前上網完成，所以根本就沒有阻止應徵者作弊的意欲。大部分應徵者如果不擅長網路測試的話，往往在網路上尋找友人幫忙合力完成過關就可以了。所以在應徵者圈子中廣泛流傳的，是網路測驗的重心在測試應徵者的人脈——看看有沒有朋友可以幫忙自己，而企業便從中篩選人緣較佳的應徵者，而把孤癖社交能力弱的應徵者率自淘汰。

僅示其一，讀者大抵便可從中感受到日本就活的激烈氣息。在小說中，擁有在美國留學經驗，且積極參與國外企業實習以及國際教育義工工作的小早川理香，本來在表面履歷上是最為佔優的一人，但往往在應徵的第一關網路測試中被刷下來。

整本小說環繞的起伏變化，正好在於一群大學生中，究竟有沒有何時獲得內定錄取的通知。在日本的就活過程中，內定錄取的資格正是一種用來標籤勝方及負方的區分標準。小說中以瑞香率自取得內地錄取來作為第一個高潮，她同樣有留學美國的經驗，但履歷上的豐富多姿程度，卻及不上理香。但是作者特意交代她正在經歷父母分居的艱難期，而母親甚至不斷向她撒嬌，表示要由地方鄉下出逃至東京去投靠女兒云云。透過瑞白口中，作者點出年輕人族群中的深刻反思：

「我最近明白了一年事。假如人的一生是一條長長的鐵路，現在已經到了沒有人會以和自己同樣的高度和角度、一起注視著這條鐵路的時候了。」

「以前有一起生活的家人、升上同一間學校的朋友，還有學校的老師。總是有人陪著自己思考自己的人生。儘管就要從學校畢業了，家人和老師也會一起思考接下來的路要怎麼走。總是有人會以和自己同樣的高度和角度，看著這條人生的鐵路。」

「未來也將會離開養育自己的家庭，再親手建立新的家庭。那麼一來，就會有共度一生的人或是孩子，於是又會出現一起自己的鐵路的人。」

「之前身邊的人總是會說，過程比結果重要，但那是因為一直看著自己鐵路的人就在身旁。」

「現在已經沒有人會對自己說那種話了。」

「我們必須獨自一人，注視著自己的人生。因為現在已經沒有人，會陪著我們一起看鐵路通往的方向了。」

——這些內容也許沒有太大的新意，但卻超時空地道出成長必經的孤獨階段。我相信當中的感受共鳴，一定是跨文化的。朝井遼安排瑞香成為第一次取得內地錄取的角色，我認為正好肯定了思維上的成熟是社會上就職活動追根究柢最關鍵的元素。

## 就職活動的勾心鬥角

為朝井遼摘下直木賞的《何者》，以大學生的就職活動（日本稱之為「就活」）為背景。小說誘人的焦點，一在於以「就活」為內容經絡，既貼近社會現實也充滿新鮮感；其次在於揭示年輕人依存「社交網路服務」（SNS）來溝通的風氣，即以對 twitter、facebook 及 niconico 等的文字表達現象出發，從而勾勒背後龐大匿名使用者的生態邏輯。

就前者而言，小說透過六名大學生的「就活」經歷，從而折射出社會求職現況的嚴苛。六人分別有對文化藝術鍾情的拓人、隆良、光太郎及銀二，以及擁有海外留學經驗的瑞月及理香——很明顯作者以男女來區分兩大族群，前者男性組群的特質是自尊心強，往往口不對心；後者女性族群則現實行動力較強，突顯出成熟的社會適應力。

先就前者析說，小說焦點在六人如何及可否覓得內定取錄的資格來展開鋪陳，因為此乃勝方及負方的標籤式分野所在。朝井遼故意從中營造大量的表裡不一現象，一眾友好表面上好像為「就活」共同奮鬥而戰，但暗地裡卻互不通傳聲息。小說中拓人及光太郎是室友，而理香及隆良是情侶，大家居住在同一大廈的樓上樓下，所以時常彼此往還，也時常為「就活」而召開討論分享會。可是離開住所之後，一方面有人表現出一副漫不經心的樣子，但現實中卻積極開拓人脈，探取可以得到內定錄取的回覆。更為甚者，小說不只一次刻劃這群人中，原來一同應徵相同職位，卻互不通傳直到在試場上才相遇的尷尬情況，當中甚至連情侶也如是（理香與隆良），連好友成為小組討論的對手也刻劃其中（拓人與理香）。

## 就活的現實

研究援交少女問題成名的日本社會學宮台真司，在所屬的大學，正是專職負責大學生的就職活動，所以也是這方面的專家，他的《宮台教授的就活原論》（東京株式會社太田出版，二〇一一）正好對以上的情況在深入的反思。他在〈取得內定取錄的是有「實績」的學生〉一文中，正好表明從他的經驗出發，往往發現大部分參與就職活動的學生，往往會有不討好的表白程式，如：我對甚麼有興趣，或是我想做甚麼工作等等。

宮台真司直斥以上話語絕不適合吐出，反過來要說的應該是：我甚麼工作都可以去做。甚至應展現實際上我甚麼也曾做過的「實績」，從而去打動面試者。

簡言之，宮台真司點明的就活精萃，原來並非在向前看，而是在往後瞧，以實際的經驗來一決雌雄。當然，過去的「實績」不可能在面試一刻有所改變，但自我意識的明辨，就如以上提及的瑞香的例子，正是嘗試踏出與別不同的第一步。由量變到質變，正是就活帶來的啟蒙契機。

## 內定錄取風雲

從宏觀角度而言，朝井遼也的確反映出當前大學生「就活」的盲點。宮台真司指出大部分大學生均區別不來B2B及B2C企業的分別來，於是時常在「就活」中碰壁。前者即企業對企業的工種，後者即企業對消費者的工種。一般而言求職生對企業的認識，通常僅限於後者，因為也只有後者需要透過媒體上的宣傳去吸引招徠應徵者，而前者基本上沒有相若的需要。此所以造成大部分的「就活」學生，只會應徵B2C類型的企業，而且對企業的印象，大抵也只留意到坊間的口碑或是媒體建構出來的表面印象，自然不得要領。

宮台真司正言應該閱讀如《會社四季報》等的材料，才可以擴闊「就活」的成功可能。而《何者》中每個人的「就活」目標企業，正好十居其九以B2C為主，恰好符合及對應了《宮台教授的就活原論》的觀察，此所以小說角色得不到內定錄取，也屬正常不過的刻劃。

## 以SNS建構而成的推理小說

小說的另一焦點，是以「社交網路服務」（SNS）上的文字，直接存取於小說內容中，作為呈現劇中人心理狀態的表現手段，其中尤以利用 twitter 上同一人不同帳號來展示內心看法的使用率最高，由此也構成披露社群中秘密的作用。

事實上，在學生社群中本來貌似團結以及友情凝聚的交往背景下，往往藏著不少不為人知的陰暗面，這正是朝井遼世界的核心命題，《何者》正好逐步把作為求職者的陰暗面逐步揭示——由此每個人均分別擁有不同的匿名帳號，可是SNS的特色是憑電郵地址便可搜尋出同一電郵下登記的不同帳號，所以大家心底的鬼話也無所遁形——當然在搜尋及文本情節的推進上，便出現儼然有如看推理小說的錯覺。

小說的高潮，在於理香毫不容情地揭破拓人的真面目，把他自以為超然物外，高人一等的討厭本色戳破，那正是書名以「何者」為名的帳號（NANIMONO）——作者在最後把以「何者」為名所發報的留言整理出來，好讓讀者窺看拓人的全貌。

人心的表裡不一，當然不是甚麼新鮮事，不過朝井遼善用流行的SNS工具來表達，的確為作品注入貼近時代的鮮活氣息來。

# 日本人的工作時數

理想的工作條件及環境，人人都想追求。

大家眼看歐洲人每年的暑假，又或是傍晚商店就關門，又或是一周隨時工作的生活習慣，當然無比羨慕。與此同時，坐食山崩式的經濟逐漸走下坡，也是兩難式的正常趨勢。或許還是以背景較為接近的日本對照，更能推測及看到未來走勢的可能局面。

## 與強國接軌

進入七〇年代後，因為日本已成為經濟強國，而且在力求與歐美接軌的情況下，政府也備受西方壓力，需要認真思考及推行休閒政策，同時也可一石二鳥為服務業建立更牢固的基礎。因此，一星期五天工作及壓縮工時的呼聲高唱入雲，而一九八八年終於在勞工法中通過降低有系統及合約基礎下的所定工時。即使如此，至二〇〇三年，日本的平均工作時數仍處於每年一千九百七十五個小時的水平，較美國（一千九百二十九小時）及英國（一千八百八十八小時）為高，更遑論與歐洲大陸國家比對（法國及德國均低於一千六百小時）。二〇〇四年的調查中更顯示，日本人實際的工時其實有增無減，只不過改為非系統化的形式而已，以逃避正統的調查。自一九九二年開始，據報每人每月的無償超時工作，已到人均十小時的水平了。

至於每周工作五天的規定，一九八五年在超過三十人的公司內，已有76%的僱員可享周休二日。此數字至一九九六年件亦已上升至96%，不過近十年反而又下降至90%的水平。與此同時，能夠穩定地享受周休兩天的僱員只有56%，其他的大都要接受逢兩周又或是三周，就要工作上第六天。由此可見，日本人的工作時數，在朝向休閒化及正常化的過程中，其實也不無現實的考量，處於一種起伏不定的迴旋局面。

## 假期與旅行

在推行休閒政策之時，第一步最明顯就是讓僱員可以有旅遊的餘閒，無論是國內還是國外，都是重要的指標所在。回顧及審視資料，日本人於二〇〇八年的平均有薪假期為十八天，較一九八五年的十五天已大幅提升；但現實上一九八五年仍有55%的實際領取數字，二〇〇八年卻下降至47%——說明有假放不得，是日本僱員的悲慘哀歌。

為了補償以上的惡劣環境，無論政經兩端都做了一些手腳，希望可以平衡及紓緩僱員的壓力。日本人除了自己的有薪假期外，還享有十四天的法定假期，而大部分公司也會為員工提供四天特別的暑假。自二〇〇〇年開始，四天法定假期更刻意調至星期一，從而製造出「黃金周」的效果，好讓僱員可以把握機會作短途尤其是國內的旅行。事實上，以上策略也極為成功。據NHK（日本旅遊協會）的報告顯示，二〇〇四年反映出超過75%的日本僱員不必利用個人的有薪假期作國內旅行，而是用法定假期，且過去十五年內其實百分比一直沒有多大變化。由此也可清晰反映出政府政策，對旅遊業立竿見影的左右關鍵。

當然，在數字的背後，仍存在不少意料之中的窘境。大部分在三十人以下的公司，通常工作時數及假期條件均十分苛刻，而此已佔了整體勞動人口中的47%。小公司的員工又或是自僱人士通常均需要在法定假期如常工作，無償超時工作更屬行規，無論在私人又或是公營企業中也沒有例外。再加上日本已達退休年紀的僱員往往退而不休，二〇〇五年的數字顯示六十五至六十九歲的退休年齡層中，仍有一半的男性及四分一的女性在繼續工作，可見要改善客觀的工作條件及環境，始終有漫長的路途在等待開拓。

## 建制化的旅遊模式

在平衡工時和推行休閒政策的兩端，不少日本公司都走中間路線，就是利用公司集體旅行，作為一種補償機制。在九〇年代中，這一招已成企業文化的王道，一九九二年的數字顯示有99%的公司，會利用集體旅行作為一種對員工獎勵或補償的手段。

但隨著社會氣氛的轉變，一方面年輕僱員追求個人化及自主風的潮流，公司的集體旅行反而成為一種無償的超時工作。同時在不景氣之下，不少公司運用在員工福利的資源亦大幅削減，此所以二〇〇四年的數據反映出只有39%的公司仍有推行公司的集體旅行。

不過與此同時，以海外為目的地之公司旅行於一九九八年只有9%，但二〇〇四年則上升至46%。而一九九〇年有63%的公司會為員工付一半或以上的旅費，一九九九年下降至49%，到了二〇〇四年又回升至71%。

一般而言，小規模的公司通常會負責大部分的費用，而旅程普遍為兩天的短程國內遊，又或是三至四天的海外遊。更為甚者，不少公司已引入彈性機制，例如提供不同路線的選擇，甚至放棄了以部門為單位的組織模式，接受公司內的所有員工自由組合並選擇心儀目的地，或是容許員工滯後旅行，甚至也可以直接在目的地集合。簡言之，就是為本來已僵化的公司集體旅行文化，重新注入活力及配合時代要求變化。

今時今日，日本國內旅行的熱門地點為北海道、靜岡、長野及沖繩等地，而海外的則以香港、澳門、台灣及南韓為本。即使是公司的集體旅行，也大部分放棄了以前一直流行的旅遊車行程，把車上的唱歌閒扯「節目」一概取消，改為直接以飛機送抵目的地為據了。

# 美麗又殘酷的上京夢

在日本的漢字中，「上京」是特別用來形容由地方往東京的舉動，也是一眾國民（尤其是年輕人）的尋夢代名詞。在日本的流行文化中，針對「上京」而發的東京逐夢故事可謂不勝枚舉，不同創作人就此主題都有自己的理解詮釋，尤其是本身也屬「上京」一族的話，就更加有貼身體會可以分享。

我鍾情的日本小說家吉田修一，正是「上京」夢的出色寫手。久遠的作品不要說了，就是二〇一三年改編且搬上銀幕的《橫道世之介》為例，正是用從長崎「上京」的世之介視角出發，勾勒這位充滿純真之眼的地方少年，如何在大都會中堅持自己的立場態度，甚至細微地改變了身邊情人和好友。不過，更精準與窩心的「上京」物語，我認為在吉田修一的《平成猿蟹合戰圖》更明確可見。身居長崎鄉郊離島中的福江島，為了尋找失蹤丈夫朋生，美月帶著還是嬰孩的兒子瑛太，千辛萬苦來到東京。出乎意料的，難得來到東京，美月的即時舉動並非憑著有限的線索往朋生的工作地點碰運氣，而是和瑛太直奔廸士尼樂園，甚至逗留至打烊為止，才拖著疲憊不堪的身軀尋找丈夫。這是一種怎麼樣的情懷？作為外人的我們，難以感同身受，卻可側面反映出「上京」夢的重要性，可能較血緣連繫來得更隱性牽掛心坎。

吉田修一筆下的「上京」夢，正好揭示出日本流行文化中，一眾人對尋夢的憧憬藍圖。然而那畢竟屬想像及理想層面的描繪，一旦深入觀照現實的點點滴滴，自然有另一重體會及感悟。

## 「上京」的計算

我們透過日本流行文化看到的「上京」物語，大部分以夢想探尋為主，甚少涉及柴米油鹽的日常生活細節，就算在內容中偶爾涉及，往往也是利用當年辛酸來反襯將來的出人頭地，其功能性大於實際意義。

長谷川高的《戰略的上京論》正好針對「上京」的各式紛擾，加以探討及剖析。事實上，作為外人的我們一向對「上京」的實際成本不甚了解，而且對尋夢者一族也通常抱有正面態度，反過來視留在老家的為消極退縮的一員。

若以目前的日本消費水準為例，一名大學文科生的入學費約為四十萬日元，租房子牽涉的費用約為三十萬日元，使用最基本的家具乃至電器用品的安排約十五萬日元，簡言之安頓費已需至少八十五萬日元。至於每月的生活費約十萬日元，加上私立大學文科生的每月學費平均為七十五萬日元，於是讀四年大學的話，每年的基本花費已達二百萬日元之鉅。而五十歲的日本上班族的平均年收為六百三十萬日元，就算妻子也有兼職且以約一百二十萬日元來計算，家庭年收也不過約七百五十萬日元。

一旦每年為子女的「上京」費付出二百萬日元（還要不是同時有多於一名子女「上京」），對家庭支出已足以構成沉重壓力。加上住宅及汽車的貸款，可以預計為了子女的「上京」費，在四年內於故鄉的老家必須節衣縮食，盡量減少不必要的支出才可以應付——這就是「上京」夢背後的現實代價，而且是以老家的所有成員來為「上京」子女分攤承擔。

在流行文本中，角色掛在口邊的口頭禪，「你不用擔心，只管努力去讀好書便可以。」但其實背後的代價，卻沉重得令人側目。

## 「上京」的棲息地

對如我們般的外人而言，「上京」就等同往東京，再不用去區分細節，但對真正的日本

「上京」族而言，選擇在東京哪一處落腳棲息，其實是「上京」夢成功與失敗的先決關鍵，一點也不可以苟且看待。

長谷川高指出「上京」族必須先清楚自己「上京」目的，簡言之就是朝哪一範疇去尋夢，這樣才可以鎖定自己的下泊地，從而尋找合適的地方棲息。

以希望成為藝能界人士的年輕人而言，也即是我們通俗上所說要發明星夢的一群，就必須往港區去尋找住所，原因簡單又直接，因為港區是藝能界人士日常工作、居住以及飲食娛樂的出入指定區域，所以棲息於此與業界相關人士接觸到的機會可謂大增。

另外，如果希望盡量貼近同世代年輕人的懷抱，而且又希望感受大學生的文化氣息，他則強力建議目前正在醞釀成風潮的「谷根千」。所謂「谷根千」，即谷中、根津及千駄木三區，也即是東京地鐵千代田線的根津站及千駄木站。此區一向甚具文化氣息，以前是森鷗外及高村光太郎等文人的出入之地，市井平民氣息濃厚，神社佛寺尤多，具有小京都的風情趣味。

事實上，此區也是東京都內的散步勝地，以前一眾銀髮族更加喜歡來訪，現在更成年輕人的流行探秘社區。再加上此區臨近東京藝術大學和東京大學，同時又有上野的博物館及美術館等在旁，所以構成了「文教及藝術之街」的整體氛圍。尤其在日本經歷了不同的大災患後，過去偏重的消費文化色彩已稍為褪淡，正好可以讓「上京」一族提供尋夢的不同路向來，令追夢的內涵來得更立體豐富。

## 孤獨的「上京」現實

我覺得長谷川高對「上京」族最深刻的提醒，就是要小心孤獨感的進駐來襲。在日本的流行文本中，關於「上京」物語的描述，我最喜歡的是刻劃一大夥年輕人生活儘管胼手胝足，但大家相濡以沫接近同棲生活式的砥礪支援，往往正好為他們奠定生死之交的情誼，成為影像上又或是文字上可歌可泣的關鍵情節。

可是長谷川高正好不避嫌地嚴正地為「上京」族撥冷水，因為對一般人來說，倘若家中經濟環境不大充裕，「上京」後即使開展了大學生活，但基於條件所限，往往無暇參與任何用以結交朋友的社團活動，而要不斷地兼職以應付生活所需。一旦在工作場所未能結交到知心友，又或是彼此的背景太懸殊而交往不來，很容易墮入「上京」夢的陷阱。

長谷川高指出不少年輕女性為了尋找依靠，於是便隨便與不甚喜歡的人交往，來建立一種溫存的依賴關係。即使是男性也好，為了在有限的生活圈子中尋找認同感，很容易也會從職場中染上如賭博的惡習，更為甚者則跌入借貸陷阱中，於是還未畢業已深陷欠債地獄之中。

以上所言大抵均屬「上京」夢的現實寫照，只不過對為大眾建構「上京」夢的流行文本而言，自然傾向展示美好一的面，而不會把冰冷無情的殘酷現實袒呈。長谷川高更以過來人的身分，分享一旦在追尋「上京」夢遇上挫折逆境，有甚麼上佳的應對法門。他提出的招數，我認為甚有意思——就是不用理會是甚麼性質，總之就是放下一切的現實考慮，全情去投入義務助人的工作一段時間——他沒有深言背後的因由，但我的理解是「上京」夢從來就是由利己的角度出發，甚至要大量的身邊人去承受逐夢的代價，所以一旦迷失，最好就是還原基本步，去嘗試付出者的角度，去體會利他的感受。由此正好平衡起伏的距離差異，讓「上京」族可以重拾腳踏實地的步履，由雲端回到人間。

SHIOHAKU

# 動（93AE）漫（969F）内（93E0）核（8A6A）

# 風起之日式解讀

宮崎駿二〇一三年的新作《風起》，在日本於二〇一三年七月上映，立即成為該年度日本電影業的關注焦點，也是宮崎駿的收山作。

在芸芸一眾日本《風起》的評論中，我認為以宇野常寬在《達文西》雜誌的分析較為精闢獨到。此片以堀辰雄的原著為本，講述二次大戰中日本零式戰鬥機設計者堀越二郎的故事。動畫提及他自小嚮往成為飛行員，但因為近視的關係，於是改而當工程師。他經歷日本的關東大地震，而且在偶然的機會下與女主角菜穗子相遇，於是故事便以戰機工程與愛情線索兩端作平行推展。兩人雖然情投意合，但因為二郎埋首於戰機的設計，所以相處的機會甚少，而且菜穗子也不幸地患上肺結核，可是最後仍一直支持二郎的工作，甚至於夢中出現，提醒二郎即使設定的戰機有機會成為殺人武器，但他仍然「必須活著」生存下去。

宇野常寬認為本片作為探究宮崎駿本質之效，有極重要的位置。因為當中撇除了不少宮崎駿過去的修飾——從赤色的馬克思主義轉為綠色的環保思想大師，又或是美化地表現日本的村落共同體等方向，在此片中均褪淡色彩。在《風起》中，正面表現出宮崎駿的「作家」本質，就是對軍事技術的迷戀而延伸出來對軍國主義的曖昧態度，這在這部動畫中也被迫顯露了真身。動畫中強調的「漂亮飛機」，正是日本軍國主義象徵的零式戰機。

## 飛行女神

宇野常寬指出在宮崎駿的作品裡，男性面對自己的不可能性，往往憑藉女性角色代勞才讓問題疏解。

在宮崎駿的作品中，飛行早已成為人所共知的核心主題，但如果進一步考察，不難發現空中飛行多屬少女角色，像是《風之谷》的娜烏西卡、《魔女宅急便》的琪琪等等。彷若宮崎駿自畫象的男性角色，通常都屬於被禁止飛行的一群，即使被准予飛行，也是透過過剩的自虐，如《紅豬》中的馬可或是《霍爾的移動城堡》中水仙花症的霍爾。至於《天空之城》中的巴斯少年也相若，故事開始時巴斯一直夢想不知何時可以乘上飛機，繼承父親遺志去搜尋古代文明的空中要塞。然而故事發展至後半，巴斯已成為女主角希達的附庸，即使可飛行也是在「母性」的協助及陪同下才得以圓夢。

簡言之，在宮崎駿的世界中，男性只可在母親的胎內「飛行」，就好像需要依存背後的女性角色才得以存活下去。宇野常寬甚至進一步定斷，宮崎駿的男性角色，憑自己能力而起飛的場面，真的一次也沒有。他們都是在女性呵護的陰影下，才得以進行安全的冒險，透過守護可憐女子的想像，才得以令自己的勇氣萌生。事實上，即使在《崖上的波妞》中，宗介與波妞的冒險，其實也是在波妞母親護蔭下才得以成事。那是一徹頭徹尾的安全性冒險，就算進入非現實的領域如黃泉之國，同樣也不例外，所以在對女性依存的框架下，往往會出現甘美之死的芳香——《風起》菜穗子的早逝，正好起了以上的功能作用。

## 母性肥大的傳統

在日本的藝文傳統中，男性的傷痕尤其是面對戰敗挫折的陰影，十之八九是以女性的呵護關懷作出釋放壓力的處理手法。這一點宮崎駿也不例外，《風起》同樣以菜穗子接近聖母式的神化處理，產生支持二郎奮戰下去的動力。

這種處理手法，我們不會感到陌生。宇野常寬提醒我們即使今時今日在村上春樹的小說中，也同樣樂此不疲把責任推卸至女性身上。簡言之，就是往往透過無條件地肯定及接受文本中的男性，然後由女性角色去替代及行使暴力任務，好讓男性得以脫罪生存下去——那就是日本藝文界中時常提及的「母性肥大」的傳統母題。大家試想想村上春樹的三冊力作《1Q84》，天馬的所有糾絆，也是要憑青豆以殺手的英姿來擺平，大抵就會感受到當中的脫罪狡詐安排的諷刺。

事實上，堀越二郎本來就嚮往出任殺手角色（飛行員），只不過因為力有不逮（近視）而被迫退下火線。宮崎駿清楚知道，即使不是飛行員的角色，但作為零式戰機的設計者，參與戰爭的責任始終無法推卸，更遑論合理化自己的所作所為。因此菜穗子的出現及處理手法，正是一種企圖以戀愛物語去掩飾飛行戰機開發物語真身的包裝手法。希望讓觀眾沉溺了後者之中，得以忘記或是減輕對戰爭責任的認真思考。

當然，如果僅憑《風起》便把宮崎駿的「本質」斷定，或許也會遭到以偏概全之譏。然而，一旦認真回省宮崎駿的作品，自不難發現母性肥大從來都是他的不二法門，而且更與飛行的主題密切相連緊扣。

# 戰敗陰影與矛盾

宇野常寬指出在《風起》中，主角二郎對戰爭並沒有表現出否定反感之情。在文本之中，無論在留學期間，又或是回國後的歲月，他都曾在眼前目擊軍國主義的光影。透過他的目光，觀眾看到的只是一種漠然的態度，甚至在上文提及菜穗子鼓勵他「必須活著」的片段，其實也看不出是對戰爭責任的反省，還是進一步要更積極投入在軍事活動的選擇。

宮崎駿借二郎之身，表明了宮崎駿世界與兵器世界的同質觀——對戰爭沒有本質上的對與錯之見。

宇野指出宮崎駿當然明白肯定殺戮快意，是何等政治不正確的舉措。更重要的，假如宮崎駿是戰勝國的一分子，那麼仍可以把戰爭美化為殖民地解放戰爭，又或是針對法西斯主義戰爭等不同的堂而皇之藉口，從而去美化殺戮的行為。可是宮崎駿是戰敗國的一員，與義大利、德國相若，不具備把參與戰爭「正義化」的可能性。而在戰敗國經歷戰爭體驗從而成長的男性，本質上或多或少暗藏了一種內部的矛盾衝突——那絕非宮崎駿的個人問題，而是一代日本男性所面對的困惑，就是透過暴力去把敵人打倒擊退的快感，在文明理性的包裝下被徹底否定，於是失去了把自己的黑暗陰影予以政治正確化的機會——無論你是普通人或是舉世知名的動畫大師，彼此的命運也相同，除非你放棄成為文明社會中公民身分的角色，才可以豁出去黑白不分肆意妄為下去。

# 宮崎駿回顧

宮崎駿宣佈引退的消息，惹得各方譁然。當然，他的引退宣言也不是甚麼新材料，今次是真是假還是留待將來驗證吧。可是，借此契機來回顧一下宮崎駿與他人的風風雨雨，或許也是適合的時刻。

## 宮崎駿和手塚治虫

在日本的動畫界中，在宮崎駿之前的當然就是手塚治虫，而宮崎駿冒起於八〇年代，按理兩人不應全無交匯互動的時期。然而當看過津堅信之在《日本動畫的力量》中的剖析，才隱約感受到兩人的齟齬所在。據津堅信之所言，原來當手塚治虫於一九八九年逝世時，宮崎駿曾來了一次大爆發，對手塚在動畫的貢獻予以嚴正的批評，「『虫工作室』的作品我不喜歡，不僅不喜歡，而且很不以為然。」究其因由，因為「虫工作室」是以有限動畫的方式製作，例如在表現人物說話的場景，往往將人物身體用同一張動畫表現，只改變口型以配合變化，所以屬一種極為省力的低成本製作方法。此舉在把動畫視為藝術品的宮崎駿眼中，不啻為一種褻瀆的行徑。

反過來說，一九八四年《風之谷》上映後，宮崎駿的聲名全面遠揚，同時也把日本動畫的地位推至另一高度。據說，當時手塚曾向工作室內所有助理詢問觀感，有人當然盛讚後卻被人責備，原來在手塚面前讚揚宮崎駿已成為禁忌。津堅信之認為在《風之谷》之前，即使宮崎駿為後輩，手塚仍可保持視對方作為競爭對手的態度看待，可是《風之谷》上映後，手塚心中已全然明白，自己根本就不配成為宮崎駿的對手，後者的製作水平及成績，早已遠在虫工作室之上，於是由衷感受到一種失敗的苦澀。

還是安彥良和坦白，曾在「虫工作室」工作的他，雖然後來也成為大家（擔任《機械戰士鋼彈》的作畫及人物設計，同時創作漫畫及動畫《亞里安》），但直言《風之谷》完全擊倒一切。

他自言目睹《風之谷》的成功，內心異常痛苦，因為「痛切地感覺到，根本不是對手，和宮崎那樣一直走在動畫片正途上的人相比，自己就好像在打游擊」。「虫工作室」倒閉後迫於無奈被 SUNRISE 接收，製作出來的粗劣動畫片得以倖存下來，且上了《*Animage*》及

《*Newtype*》等雜誌，被動畫迷接受且成為時代寵兒。安彥承認當時十分清楚，對一直走在正統動畫路上的宮崎駿來說，他們這些人根本無法原諒。安彥甚至說像自己那樣，既不願意做趣味性作品又無法接近宮崎駿式世界的高不成低不就人士，徹底失去了追求的方向。看了《風之谷》瞬間就意識到，自己已經沒有可做的事云云。

安彥良告接近懺悔式的告白，基本上可以看成一代人的心曲——在面臨商業壓力而被迫妥協的動畫人，和如宮崎駿成立吉卜力工作室去堅持製作理想中的動畫之另一群人，兩者之間的廣闊鴻溝。

此外，宮崎駿與手塚治虫時常被拿來對比的另一端，是兩人的作畫能力委實有天淵之別。事實上，手塚動畫除了廣受歡迎的通俗式意義外，作為藝術上最為人傳誦的不離《*JUMPING*》以主觀鏡頭完成一系列跳躍動作為人激賞，然而這些高難度的動畫背後全憑作畫師小林准治才得以完成。反過來說，宮崎駿自身的作畫能力一向人所共知，所以作為動畫家的「手藝」，一旦予以比較，便得出明顯的高下分野來。

## 宮崎駿與神隱

宮崎駿對神隱一向情有獨鍾，即使擱下《神隱少女》（二〇〇一），宮崎駿之前作品的神隱設定也不勝枚舉。神隱即被神怪隱藏起來，通常發生在兒童身上。當孩子無故失蹤而又下落不明，在鄉郊村落便會被定性為神隱，即被神祇誘拐，屬神怪的惡作劇之一。

早在《龍貓》（一九八八）中，當乘上貓巴士的姊姊皋月回來迎接妹妹梅，村中人喊遍了所有地方也找不到梅的影蹤，而同時亦沒有任何人看到貓巴士的出現，那其實已屬百分百的神隱設計。宮崎駿想借此點明，即使如愛之類的抽象物事，一旦不予細察其實也很容易神隱起來，日常瞬間即可化為不尋常。

在《紅豬》（一九九二）中，波爾科在不為人知的痛苦因由下，令面孔變成豬其實也是一種神隱的變奏。當然，《神隱少女》便正面處理神隱的主題，所謂神隱也是一種深入大自然之中的存在方法。正如《魔法公主》（一九九七）中的黑帽大人所言，去除森林，神的力量也會削弱——這正好顯示出神隱背後與大自然融合的基本命題。

事實上，早先宮崎駿曾盛讚三浦紫苑的小說《哪啊哪啊~神去村》（二〇〇九），我認為當中談到與喜兒子山太被神隱也不無關係。在「大山祀神」的祭典中，神隱和山鳴等超自然現象往復出現，不過卻借此勾勒出所有人的誠敬之情，甚至在大自然神祇的面前，人類的謙卑才得以驚醒再現，甚至連人命的存沒相對而言也有輕重之別。宮崎駿顯然正是肯定背後人與自然的相處態度，唯其專心奉敬，才得以天人合一存活下去。

## 宮崎駿與外國粉絲

除了說明宮崎駿在日本國內的情況，有時候也不妨擴闊眼野看看他與海外的連繫。說到底宮崎駿早已成為全球化的現象之一，當他勇奪柏林金熊以及奧斯卡最佳長篇動畫後，一般人均認定他不再是僅屬於日本的宮崎駿了。

Susan J. Napier 曾經花時間去研究宮崎駿的海外粉絲組織，她把焦點鎖定在ＭＭＬ（Mayazaki Mailing List）上，那是早期在網路世界中的興趣同好組織，早於一九九一年創立，是海外英語世界中對宮崎駿話題積極參與及討論的粉絲組織。

不過根據 Susan J. Napier 的研究，她發現原來雖說是粉絲組織，但意外地ＭＭＬ的成員年紀均偏向成熟，而且學歷水平也不低。他們針對宮崎駿而發的話題，也傾向以欣賞者及詮釋者的角度出發。當然，那不是說ＭＭＬ脫離了粉絲組織的功能，他們也分享大量關於宮崎駿的作品資訊，以及相關商品的獲取途徑等等。只是相對而言，他們對宮崎駿作品中的環保訊息，以及人與人之間如何突破溝通障礙等內涵，來得更為關注。

只是我私心地想，從中也可從折射的角度，看到為何宮崎駿從來未能真正的全球化吧！以奪得奧斯卡最佳長篇動畫片嘉許的《神隱少女》（二〇〇一）為例，美國全國公映時，在一百五十一所電影院同步公映下，竟然只得六百萬美元的票房，可說是完全徹底的「敗北」狀況。某程度而言，正好反映出宮崎駿動畫中的正面訊息，在美國的全球霸主慣常文化視野下，根本就沒有足夠的存活空間。而ＭＭＬ的例子，說明宮崎駿的海外粉絲都是菁英分子而非普羅大眾。因此，宮崎駿的商業與藝術平衡成績，一向僅在日本國內通行，離開了日本海域，又成了另一個故事了。

# 怪物的孩子
## 細田守

日本動畫的皇座，大家都知道是在宮崎駿膝下，他與高畑勳統領的吉卜力皇朝，大抵上作為英雄塚的名聲早已遠揚；簡言之，就是除了他們兩人自身以外，外人不可能在其中揚名立萬。對不起！其實不僅外人，連「自己人」的命運也不會有異，對宮崎駿之子宮崎吾朗批評最狠的就是宮崎駿自己。《地海戰記》（二〇〇六）差一點在最後階段把宮崎吾朗從導演一職拉下馬來，不過也不可全怪宮崎駿獨裁，因為《地海戰記》即使票房不俗，但的確千瘡百孔，被日本評論界諷為全年最大爛片，可說令吉卜力蒙上污點。

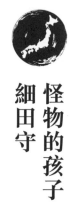

提起宮崎駿父子的齟齬，旨在帶出宮崎吾朗因為有鈴木敏夫撐腰才可以逃過一劫，反過來今時今日已聲名大噪，被捧為宮崎駿接捧人的動畫巨匠細田守（二〇一五年的《怪物的孩子》成為年度最備受關注的日本焦點動畫作），當年卻沒有他的好運氣。

不少人都知道《霍爾的移動城堡》（二〇〇五）原來的導演正是細田守，不過製作正要進入原畫繪畫的階段，吉卜力才臨時把他拉下馬，表面理由是新導演沒有票房上保證，實際因由外人當然不得而知。現實就是這樣殘酷，套在創作人身上更百發百中——大師（自然也就是宮崎駿）往往也是魔鬼的影子化身。

我想起當年細田守的故事分鏡，已製作超過了三分之二，那一大批寶貴珍品，無論後來被宮崎駿接手活用，還是棄諸一角，其實都勾起了創作的虛無感慨。事實上，故事分鏡本身的存在命運就是這樣——它是動畫製作過程中不可或缺的憑依，導演透過它來表達出鏡頭擺位乃至角色造型等要求條件，但完成作品後一般便會被視為垃圾棄掉。細田守在吉卜力的經驗，不啻就是故事分鏡的人肉寫照，幸好他仍屬幸運兒，還有東山再起的機會，成就後來的神話。

## 改編的個人植入元素

當然，說細田守是幸運兒，前提是他才華橫溢，足以抵銷吉卜力的挫折。長篇首作《ONE PIECE 祭典男爵與神祕島》（二〇〇五）大受歡迎，讓他起死回生。接下來屢獲大獎的《跳躍吧！時空少女》（二〇〇六），更真正把他納回展現才華的正軌。

首先，筒井康隆的原著小說《穿越時空的少女》自一九六七年出版以來，已經在日本改編了七次，最著名的應是一九八三年由大林宣彥執導、原田知世擔任主角真琴的真人版。

既然已有大量的珠玉在前，細田守的壓力自不在話下。其實他細緻地為《跳躍吧！時空少女》尋找〇〇年代的時代氛圍。原著中來自未來的千昭，她回到過去的時空是為了讓已絕跡的植物重生——希望把仍存活的植物帶到未來重植，原本充滿環保及宏觀的地球保育眼光。可是在細田守的版本中，千昭回來只想看美術館的一幅畫，因為在她的時代這畫作已在戰火中毀掉。細田守直言乃因他認為今天的年輕人看未來已經有另一份觸覺。在以往如手塚治虫的年代中，動畫家對未來的想像往往環繞一些宏觀的藍圖，例如空中有管道讓汽車行駛等等，那是從社會出發乃至宏觀人類文明的想像世界。而細田守指出今天的想像已傾向個人化，每個人都有自己的未來看法，所以也認定千昭回來不過為了個人內心的欲望——看一幅畫，正是對心象探索的象徵投影，動力正好由外在轉移至內心去。

與此同時，原著中真琴也不懂得控制穿越時空的超能力，但在細田守版中卻描述她學懂了如何操控能力，這也是現今一代對自主命運高度重視的寫照縮影。導演正好透過以上的植入元素，令作品滲入當前的時代氣息，當然也投影了由吉卜力離巢而去後的自主命運及自力更生情意結在內。

# 夏日大作戰的寄託

來到《夏日大作戰》（二〇〇九），細田守的野心更大。他在與 Ian Condry（參看《*The Soul of Anime*》）的分享中，提到此作很清楚是一齣「家族劇」，所以他以自己出生地富山縣作為背景，把當地真田氏家族領地融入電影，與此同時也把妻子於上山市的家族關係，化為電影中陣內家的藍本。以上一切均說明導演把過去的成長體驗，徹底投進新作中作創作素材。

男主角小磯健二本是一名高二生，數學天賦高但因落選於國際奧數賽的選拔賽，心情難以平伏，湊巧一直心儀的學姐筱原夏希邀請他一起回鄉過暑假，自然二話不說答允。原來此行夏希是要拜託他扮演自己的未婚夫，好讓曾祖母放下心頭大石。在這過程中，健二和夏希家族（即陣內家族）逐步捲入一場史無前例的虛擬世界網路戰爭，其中更加牽涉到全球整體人類的命運，他們的對手是名為「愛的機器」的人工智能系統，結果所有人包括病重的曾祖母同樣奮起以自己的方法，來動員大家應付危難。結果健二看透「愛的機器」愛比賽的特色，於是由夏希以她的帳號，在網路中與牠進行二人制的花札競賽，經過一番波折終於擊退對手回復和平。

Ian Condry認為電影最動人的地方，就是在面對全球性危難之際，所有人不分世代均站在同一陣線向對手還擊，網路戰爭並不是年輕人的專利。我認為當中正好曲折地反映出細田守的鬱結——吉卜力的負面經驗，從側面也說出宮崎駿皇朝的自私本質。吉卜力成就的皇朝是宮崎駿自身，但從吉卜力成功「畢業」的新人導演連寥若晨星也談不上，絕大部分屬出師未捷身先死之流。細田守的「家族性」，放回動畫界的範疇內而觀之，便更清楚可看到他的寄託肺腑之言。

## 雨和雪的命運

若沿用吉卜力情意結的方向，去思考細田守的《狼的孩子雨和雪》（二〇一二），自然又會得出另一種體會來。把細田守的吉卜力負面經驗作為基礎，去理解作品的內容，絕非憑空想像而來。事實上，《狼的孩子雨和雪》的核心命題，就是在處理父親缺席的情況下，單親母親和半人半狼的孩子可以怎樣成長的故事。

父親缺席的隱喻，不難令人想起吉卜力乃至宮崎駿的形象，吉卜力當然屬最成功的當代日本動畫製作室，可是他們的極權獨斷風格，簡言之也十分吻合傳統上的嚴父形象。從另一角度觀看，子女如果不離開父親陰影成長，也不可能明白自己應走的路途。

此所以《狼的孩子雨和雪》是明顯地把母性作為成長契機的電影——因為母親的選擇由城入鄉，才得以令雨和雪自行去選擇為人為狼的人生命運。電影中的母親不斷以弱者自居，既不斷表白自己不懂養育雨和雪，甚至連雨決定要當狼做森林王，仍自責沒有為他做甚麼。正是這一股龐大的母性陰柔力量，才能夠令兩姊弟有足夠的獨立空間去成長自決。

用細田守的經歷作對照，被吉卜力背叛開除，正好就等於雨和雪的父親被殺的事實，也唯其如此，才得以進入人生低谷去認識世界——雨和雪在鄉間的成長體會，就等同動畫界在吉卜力以外還有更遼闊天空的投射。能夠放下心結，才得以回頭明察一切正是成長的代價。

## 怪物的孩子之家庭修補法

日本動畫電影，一向愛把矛頭焦點置於家庭關係上。即使是宮崎駿的青少年乃至孩童的成長物語，背後均離不開堅實的家庭父母勾連設定，《神隱少女》（二〇〇一）的大冒險，肇始端不外乎不成器的雙親，而《崖上的波妞》（二〇〇八）的孩童交往，更加直接刺激了父母輩的敏感神經，令大家不得不好好去反省育子的信念是甚麼。

細田守作為繼宮崎駿後，最為人注目的日本動畫導演之一，他的作品同樣一直緊扣家族重構乃至育兒心經的範疇。《夏日大作戰》以長野縣的大家族物語為本，《狼的孩子雨和雪》則以異類婚姻的構思，講述一名單親母親，如何撫育懷有狼族血統的子女成長。

《狼的孩子雨和雪》的父親早逝而帶來的「缺席」狀態，在《怪物的孩子》演變成與父親離別，而且母親亡故，於是九太成為孤兒。當他由現實中的澀谷進入「怪物」畛域澀天街後，身邊所遇到的都是善意的好人，從不同方面去協助九太成長，而他與異域的相處也融洽無間。可是亦師亦父的熊徹，正好與九太的相處出現緊張關係，也是從側面勾勒出「朋友父子」相處模式的可能衝突所在。

表面上父親「缺席」及家庭崩壞的處境，在細田守世界中得以延續，但熊徹作為「代父」角色的出現，絕非導演認為的解決問題策略——熊徹的粗暴以及孩子氣，無寧不啻是當今日本父輩的鏡像對倒映照。細田守在《狼的孩子雨和雪》中，安排結局為男孩雨決定尋回自己的狼性，回歸森林承擔宿命上的責任，而母親繼續與女兒雪在偏遠的郊鄉生活下去，雖然後者過生活在「人間」，但顯然那是離群獨處的選擇——和雨的抉擇不過屬五十步和百步的分別。相對的，在《怪物的孩子》中，導演基本上為親子安排了一個最終大團圓的和解之局。當中的關鍵，並非是親子兩代之間的任何轉化，又或是成熟度的突破，而是兩種育兒環境所帶來的變化分別。

《狼的孩子雨和雪》選擇的是閉封環境的育兒法，自知為異類於是隱匿式的悄然成長，但《怪物的孩子》卻強調公共空間的重要性。無論在原屬的澀谷現實人間，又或是怪物盤踞的異度畛域，九太及一眾角色之一舉一動，均可說是在公共空間下於眾人目光注視中，來加以互動發展，也可以說是一種受公眾認同及肯定的育兒歷程。

有趣的地方是細田守沒有掩飾親子互不知心底感受的永恆宿命，但他嘗試的回應是在公共空間育成下的親子關係，其實也側面地減低了脫繮失控的可能性。把私密化的親子關係，以公有化的佈局去重構，作為一種回應時代流弊的探索，看來的而且確是一具啟發性的思路。

## 怪物的孩子之吉卜力解讀

如果不嫌過分引申聯想，熊徹可作為吉卜力又或是宮崎駿的隱喻，而把九太看成了導演的自我投影。即使不作深刻的探究，《怪物的孩子》不斷與吉卜力系統的對話，大體也是顯然易見的。

就由少年的名字說起吧！在澀谷流連的孤兒蓮，盲打誤撞進入澀天街後，一直不肯告訴任何人自己的真姓名，反倒熊徹得知他只有九歲後，便擅自以「九太」來為他命名。吉卜力的粉絲自然頓時想起《神隱少女》的名字隱喻，千尋誤入神隱世界後，被湯婆婆直指「千尋」乃「奢侈」的名字，於是在契約書上僅以「千」為名字，當中正好反映出一種在上位者與下屬（徒弟）之間的支配關係，也是修練的過程肇始。在《神隱少女》中，小千與白龍的尋找真名歷程，基本上就是故事的主軸核心，也就是成人禮及通過考驗的隱喻基礎。可是在《怪物的孩子》中，細田守透過熊徹的命名，正好顯示出吉卜力麾下的宮崎駿法則，一種造物主式高高在上的支配者角度，但在動畫中少年正好在澀谷的現實世界中，保留了蓮的名字，並以此來與少女楓交往——在細田守構思的秩序中，蓮與九太的身分從來可以並行不悖，而且是可以互動相長育成的。

任何觀眾看到熊徹教導九太的片段，大概也難以不捧腹大笑，因為熊徹作為宮崎駿形象化身的窩囊相，由衷而言也實在太過呼之欲出。當中既包含成為「宗師」的心理欲求諷刺，同時更精準的惡劣教學法——從不懂如何讓徒弟明白，只知道不斷破口大罵。倒頭來是九太自己決定由模仿熊徹一舉一動開始，以步法作為隱喻而默記了基本功，再回頭嘗試以對等的關係，讓熊徹得到教學相長的刺激，同樣成為更出色的武士。

最後熊徹成為劍仙，與九太／蓮結合，填滿他心中的黑洞，這可理解為借《新世紀福音戰士》而來的補完計劃原型構思，當然是一種理解的和解之路。背後承載了細田守與吉卜力／宮崎駿的和解寄託，同時也是日本家庭崩壞母題的解拆之局；凡此種種都可以看到細田守的氣度。

是的，下一個日本動畫大師，我敢肯定是細田守！

## 言葉之庭的職人脈絡與風景角色觀

在目前的日本動畫界中，新海誠早已成為宮崎駿的熱門接班人，可是我卻認為這種不成文的公眾期待反而對他是莫名的壓力，上一作《追逐繁星的孩子》（二〇一一）經歷一次拙劣的宮崎駿模仿下，終於說明了此路不通。但與此同時，自《星之聲》（二〇〇二）之後，新海誠的名字一直與「世界系」掛勾，而他也明言此與目標觀眾鎖定在年輕人身上有直接關係。所以，一方面在擺脫宮崎駿影子之餘，同時也要為作品的「成熟度」增值，而《言葉之庭》正是必須求變下的考驗作。

### 與世界系的瓜葛

在日本語境中，一提起新海誠，十之八九會與「世界系」的話題扯上關係。簡言之，故事的設定放在男、女主角身上，兩人中間的具體糾結往往會一筆掠過，然後跳接至世界末日或是世界終結式的大問題上去。主人翁與世界關係予以直接連結，但其中的社會存在細節基本上卻被忽略，而新海誠的《星之聲》、高橋真的《最終兵器少女》（二〇〇〇漫畫；二〇〇二電視動畫）及秋山瑞人的《伊里野的天空、UFO的夏天》（二〇〇五）正是被稱為三大「世界系」的代表作。

前島賢在《何謂世界系？後福音戰士的御宅史》（東京Softbank，二〇一〇）指出《星之聲》的故事，基本上僅環繞長峰美加子及寺尾昇而發，兩個中學生情竇初開，但前者在畢業時已登上機械人，肩負宇宙探查的任務，為對抗達路斯人的威脅而成為聯合國宇宙軍的一員。動畫中最動人的情節，自然是膾炙人口的手機留言通訊，由於相隔以光年計，於是通訊的往還往往耗上數年，成為浪漫頌歌的關注點。新海誠曾自言一向不太看機械人動畫，甚至在製作途中才找回《機動戰士高達》的設計師鷲尾直廣的畫作來參詳觀摩。前島賢也指出《星之聲》本身的科幻元素及意識，其實十分薄弱，因此在日本動畫系譜中的文本互涉企圖也不明顯。《星之聲》中的高潮是二十四歲的昇與十五歲美加子的重疊場面，他們處於相距八年的時空，但影像上的並行對接，一方面予人並時的錯覺，同時又呼應了思念可突破時空隔閡的主題。此所以新海誠世界的正色，由始至終均是「二人的遠距離戀愛」，這一點一直貫徹不變。

新海誠最近接受高瀨司及前田久訪問，也正面回應各界一直把「世界系」的帽子扣在他頭上的看法。他指出「世界系」的帽子，有時候同樣具備揶揄的傾向。如果把世界系理解為只描述自己身邊只有數米之遙的人際關係以及世界命運，而把中間的社會連繫掏空拔掉，那麼《雲之彼端，約定的地方》（二〇〇四）中去拯救世界，或是拯救患上嗜睡症的佐由理之選擇，中間把一切社會元素掏空的處理，的確可看為「世界系」的作品。他自言某程度刻意採用「世界系」的元素，因為那根本就是思春期的標誌特徵。在思春期的年青男女眼中，隔鄰鍾情的對象就是世界的全部。對於現今是甚麼內閣及在推行甚麼政治，根本全然放不進眼內，而忽然之間就可以跳接到關心世界和平及宇宙生成的宏大問題上去。簡言之，就是近景和遠景會精準，但中景卻模糊不清。如果作品真的具備「世界系」的元素，那無寧是因為成品乃針對及指向思春期的觀眾而發，於是才採用的營構方法。

對我來說，新海誠與「世界系」的契合，不過屬「巧合」的結果，一旦改變了潛在觀眾的構成對象，風格自然就會出現新變。事實上，他也明言日益發覺自己的海外觀眾比例與日俱增，《言葉之庭》便因此而選擇了在澳洲作全球首映（較日本的公映日期還早），同時所考慮的因素也隨之改變，關於社會性的背景細節自然也滲入文本中。所以「世界系」的稱號，我相信也到了與新海誠分道揚鑣的時候。

## 少年職人

不少觀眾看過《言葉之庭》，都會對少年主角孝雄的成熟穩重留下深刻印象，甚至覺得他的形象理想化至教人難以置信。十五歲的少年早早就立志成為鞋匠，而面對任性的母親（私奔去找年輕的男伴），以及忙於為自己家庭打算的兄長，他一力承擔所有家庭瑣務，同時也拚命兼職為追尋自己理想作好準備。凡此種種，顯然與時下年輕人不成器的整體氛圍背道而馳。

我認為新海誠乃蓄意把日本傳統對職人文化的正面評價融入少年的身分建構中。所謂「職人」，接近我們所用的匠人，指透過自身熟練的技術，以手工藝生產出成品的人士。早在江戶時代，他們已屬於士農工商中的「工」種人士，歷史上一向對他們專心致志成就手藝的極致十分推崇，尊稱所擁有的技術為「職人藝」。由於江戶時代逐漸形成經濟社會，都市發達的社會條件自然促使職人文化趨盛，有不同技藝的人士都能受人欣賞，從而改變命運。當然，以前主要是師徒制來傳承手藝，到今天雖然不至於絕跡，但也隨著社會形態的改變而大幅有所調節。現今對手工藝品的職人而言，有時候還會用上「大工」、「左官」或「庭師」之稱，至於一般性的通俗用法，就會在手藝或成品後加上「職人」的稱呼，如「壽司職人」

等等。而對「職人藝」的說明中，很多時候會用上「一氣質」，指為了追尋探求以及精進化自己的技藝，往往無視金錢或時間之類的容觀限制，抱持堅定的自信，從而去徹底實行夢想目標的職人工作態度。這正是他們超越時空為人景仰的地方。以上的鋪陳旨在說明日本文化中，對敬業精神存在根深蒂固的尊重之情，於是反映在當代社會中，過去的職人其涵蓋面隨社會條件的變化而變得範疇寬廣，然而核心精神亙古不變——任何人士只要認真探索及追求自己的手藝，最後終可成就出一門藝術來。

新海誠選擇鞋匠，正好顯出當中的手工藝特質。在雨中的避雨亭內，孝雄為百香里量度腳部大小，且畫下腳型幾成為全片中最為浪漫的場面——新海誠也笑言對一位十五歲的少年來說，觸摸細撫另一年輕女性的腳部，意義上不啻有如一次性接觸。簡言之，就是在少年孝雄的軀體下，內藏了成熟的靈魂，這等同新海誠作出要脫離世界系的宣言。更重要的，他希望透過這一種職人年輕化的構思，把一貫以來的觀眾對象，從御宅化的背景與傳統文化重新接軌。阿宅（御宅族）的專注投入，其實與職人精神有一脈相通的地方，只要重新拾回與世界的聯繫，絕對有打破時空隔閡的可能。所以，在《言葉之庭》的文本中，故事由避雨亭的浪漫接觸切入（沿用過去世界系的技倆，把避雨亭塑造為世界以外的自存區域，只屬孝雄及百香里的私密空間），但當天氣轉入漫長的酷熱晴空，而孝雄又為百香里畫了鞋模後，新海誠便把焦點放在孝雄的自力更生兼職生涯上，很明顯反映出要從世界系回到人間，就必須重拾社會細節的連繫。

由阿宅走向職人，除了起步點對某一事物的熱切鍾情外，實踐上正好揭示要踏進現實社會的必經之路，這正是新海誠為個人作品體系深化的「成熟」考慮。

## 風景也是角色

過去新海誠的動畫一向以風景優美，畫功出色見稱，日本不少學者早已進一步省察當中的意義。加藤幹郎在〈風景的實存——於新海誠中的地景〉中，指出新海誠動畫中時常出現他方的大遠景，暗地裡把一種距離的美學引入。在安定日常的生活環境中，隨著遠方風景所牽引出來的空間轉移，正好透過距離的產生而製造出對遠方憧憬的效果，簡言之就是把日常化轉易為非日常化的手段。

泉政文在〈「世界」與「戀愛」——環繞新海誠的作品〉中，進一步交代一般真人電影往往把作為前景的人物視為主體，以及作為後景的風景視為客體，從而予以二元對立式的處理，但新海誠顯然揚棄這一種前、後景割裂以及人物與風景分離的刻板思維，把主體與風景結合成為一體論式來經營，成為他的標籤特徵之一。

來到《言葉之庭》，如果再仔細留意，自可看到新海誠鏡頭下的風景，其實同時也是角色之一。在避雨亭中，新海誠細緻地把梅雨、綠雨、麥雨及夕立等不同雨景的微細變化勾勒出來，觀眾當然從畫面上感受到鬼斧神工之效。但更重要的，雨景的幻化正好與孝雄對百香里的憧憬並行前進，簡言之那等同於後者對前者牽動的情感反應迴盪，成為談情說愛的心象投影。

回到百香里居所戶外樓梯的情感爆發場面，孝雄直指百香里在避雨亭的表現，充滿成人的狡詐——明知與孝雄在同一中學屬師生關係卻刻意隱瞞，在對方表露好感後卻又以長幼身分距離來推搪。我認為此正好是新海誠向觀眾提出的一種自我嘲諷設計，他當然是以畫功出眾而見稱，但借此場面恰好提醒觀眾不要被這些「外貌」元素所吸引而不辨方向。孝雄的成熟也是一種對觀眾的善意提示，即希望大家在對風景出色描繪讚不絕口之餘，同樣要留意內容上的同步深化，而不是被外在的所有掩蓋了眼睛，否則就不能看到新海誠的真正成長。

在《言葉之庭》中，新海誠留下的不再是委婉無奈的結局，而是一種坦然平實的前瞻——孝雄繼續讀書及兼職的生活，百香里回到四國故鄉再任教師，而前者打算在長假去四國探訪後者。沒有任何特別的承諾，也沒有浪漫化的投射情調，於我而言，那恰好是新海誠把非日常化手段回歸日常化處理的「成熟」構思。

# 浮世想像 百日紅

《百日紅》是二〇一五年的日本焦點動畫作，沒有人對此有太大異議。導演原惠一從不諱言自己是原作者杉浦日向子的忠實粉絲，所以把《百日紅》搬上銀幕也是一向的心願，而背後建基於重重的想像建構。

## 虛實人物相應

首先，《百日紅》的主要敘述者女子阿榮，其實是以浮世繪師葛飾北齋的女兒葛飾應為（下文以阿榮稱之）作原型。她是一名真實存在的女子，而且也是一名畫師，代表作《吉原格子先之圖》，現今作收藏在太田紀念美術館中，而動畫中提及北齋死前一直由阿榮出任助手也是實情。與此同時，動畫中北齋對阿榮畫技也有不少直接評價的場面，例如阿榮為萬字堂所畫的地獄圖，便因為太過栩栩如生，而讓萬字堂的夫人受到當中的冤靈纏繞到幾乎命喪的地步，最後仍需北齋親自出手，徹夜不眠在畫中繪上一尊佛像，才得以安撫來自陰間的呼號，令一切重拾正軌，在此就阿榮及北齋的畫技作出了襯托比較。

不過，北齋對阿榮的畫技，其實也推崇備致的，他也曾表示尤其在美人畫的範疇上，阿榮的手藝在自己之上，此所以在動畫中也出現阿榮被邀請至吉原遊廓，為當時得令的花魁作畫的情節片段來。不過從現實層面而言，阿榮留下來的作品不過十數幅，作為畫師身分的認知度，其實遠遠不可以「知名」來形容，故此在建構人物形象及故事內容的過程中，適當的想像乃移花接木，可說是必須的手段來。如動畫中不斷以善次郎（寄居於北齋工作間的青年，後來成為繪師溪齋英泉）的畫功拙劣作為調侃內容，應該是以阿榮夫婿的畫功不及她的軼事傳聞為基礎，從而衍生出來的情節來，當中的調適也絕對可以理解。

## 比拚的父女關係

此外，動畫雖然好像以阿榮為主角，但實質上的主線之一，顯然在北齋幼女阿猶和他的關係上。阿猶出生後便雙目失明，而北齋的戀生情結，令他害怕接觸病人，所以一方面他搬到工作間居住，同時讓幼女遷居到寺廟中去，並且從來不去探望阿猶——動畫中更安排一誇張的情節，即阿榮揹阿猶在街上閒逛，北齋正好在同一街道上，但仍然可以彼此相望不相聞，最終北齋也沒有和兩名女兒打招呼。

如果我們仔細察看，就可以得知阿猶的存在，其實是阿榮成長的催化劑，也是從側面烘托出阿榮作為一名畫師的角力心態。事實上，《百日紅》中早有不少片段，刻劃阿榮為求提升自己的技藝，不惜作出大膽嘗試的場面，例如她被評為不懂畫春宮畫，筆下男女栩栩如生卻全無色道氣息，她為此而大感生氣，結果一怒之下去找男妓（當時稱為「陰間」），希望可以透過釋放自己，從而去掌握了解男女的色道。

回到與阿猶的關係上，阿榮帶阿猶去賞雪，結果後者結識了一名男孩子，彼此在雪地上玩得不亦樂乎，同步閃回北齋帶孩童時期的阿榮一邊賞雪一邊習畫的片段——顯然就是把「開眼」的意象作貫穿之用。而阿榮之女兼父職一方面從功能層面予以確立，但同時亦奠定了她的「代父」角色，也與真身北齋存在角力比拚的關係。

此所以當北齋為阿猶畫下一幅鍾旭圖，希望為她驅除病魔及各方異靈的騷擾，但結果是阿猶瞬即病殞，這正好是阿榮覺醒的一刻。正如上文提及的萬字堂例子，北齋的驚天地泣鬼神畫功，過去的確令阿榮自愧不如，甘拜下風。但是在阿猶的例子上，令阿榮明白到父親北齋其實也有侷限，他始終是人不是神，縱使偶爾好像有能力和他界的靈體接觸溝通，但無力正乾坤仍是人生宿命上的主旋律，阿猶的下場證明人不能勝天。

所以在阿猶過身後，阿榮的獨立意識也明顯清晰起來。當然，現實上她仍守孝盡禮，侍奉父親北齋至他過身，才離開工作室展開自己的人生。但在成長路的發展上，導演原惠一顯然是以當代的女子心理意識，置於阿榮身上，利用江戶時代的奔放自由民俗色彩作為背景框架，好讓阿榮以一名異色女子的身分，在那一時代中盡展光芒。

# 透過EVA回應歷史

即使不太看日本動漫的讀者，大抵也不可能對《新世紀福音戰士》的鼎鼎大名一無所知。日本已把進入零零年代後的日子，劃分命名為「後新世紀福音戰士年代」（Post Eva），由此可見它的當代經典地位早已牢不可破。

作為一齣橫跨十數年的作品，由一九九五年首播的電視版開始，至二〇一二年推出劇場新版的第三集《福音戰士新劇場版：Q》，作品基本上經過多番反覆的自省蛻變，時代意義早已由一般動漫蛻變為具備社會對照意含的全民關注作品。這電影最終在日本得到五十二億的票房佳績，成為年度票房的第四位，在日本人心目中的重要性早已不言而喻。

## 一代人的社會體悟

回顧整個《新世紀福音戰士》的發展史，當中充滿閱讀趣味。

整個九十年代，自電視版啟播後，由於作品涉及大量宗教學、心理學乃至機械人自身動畫類型發展的知識庫，於是媒體一直也是循解謎說明角度去「消化」它，簡言之就是停留在協助觀眾看明弄曉故事層次的階段。

然而，踏入零零年代後，《新世紀福音戰士》便步入被看成為社會對應文本加以解讀的年代。

《福音戰士新劇場版：Q》的執行製片大月俊倫，先前在《熱風》（二〇一二年一二月號）中《福音戰士新劇場版：Q》特集的自我回省，頗能說明一代人的反省心態。他在〈我決定重新開始〉指出自己到了五十一歲的年紀，決定在生活上作出徹底的改變。事緣的觸發點是在路上看到愈來愈多的流浪漢在販賣過期雜誌，但他一直不敢上前購買，直至有一次看到年輕女子怡然自若交易，才催化自己去體驗。其後他發現流浪漢均有正式的販賣許可證，而每一本的過期雜誌售價為三百日元，每售一本他們便可得到一百六十日元的酬金。

故事表面上好像與《福音戰士新劇場版：Q》沒有直接關係，卻正好曲折地反映出一代創作人背後的委婉心曲。日本長期富裕的文明代價是出現大規模的社會問題，由援交、霸凌、禁室培育、單身寄生蟲乃至無差別殺人事件等等，可謂無日無之。作為從經濟高峰年代走過來的一代人，均感受到當前社會乃至私下人生都到了不得不重省及求變的危急關頭。流浪漢希望自食其力，而大家應該伸出援手以互助重建關係，正是社會屏除富裕帶來的孤獨冷漠之出發點。而透過動畫中一次又一次的世界末日描摹（以「第幾次衝擊」作為文本中的世界巨災全人類滅絕的象徵），來為主人翁構思在不同末日困境中的回應及自處方法，正是一代人回應歷史的自我修正心態。

可以說，要了解民情，從流行文本出發，往往更能夠體悟到社會當中的切實氣息。

# 魔法少女小圓——叛逆的物語

我曾經是《魔法少女小圓》的支持者，這齣被譽為近年日本動漫的「神作」，的確令人看得興奮。但隨著劇場版於二〇一三年公映後，一直提不起勁去寫下想法，也許是陷入了進退維谷的狀況。

《魔法少女小圓》是二〇一一年在日本播放的深夜動畫，它的驚世駭俗之處，我在香港版《人間開眼》和台灣版《悶騷日本》一書中已有交代，有興趣的讀者可以找來一看。劇場版已推出了三集，前篇《起始的物語》和後篇《永遠的物語》在二〇一二年公映，是為沒有看過電視版的新觀眾而製作的，主要把電視版的內容來一次重新整理，然後再於銀幕上放映，所以也沒有帶來甚麼迴響，屬正常的情況。新篇《叛逆的物語》於二〇一三年上映，此才是全新製作的電影劇場版，內容以承接電視版的結局而來，從而按原來角色再引述延展故事下去，所以對小圓迷來說，這才是萬眾期待的新作。

《叛逆的物語》的上映已有半年之久，新版故事的顛覆處，大抵動畫迷都早已知悉。未進入討論劇情的發展承接上，我想先提出備受小圓迷讚賞的一幕來分享，就是麻美與小焰的決戰場面，出現在前者開始懷疑身處世界的虛幻不實，於是在將糖果魔女捉拿之後，後者便反過來進行一場死戰。是的，正如不少小圓迷指出，當中利用絲帶與子彈經營的華麗戰況，加上不斷利用時間停頓（小焰的魔法）及進行的錯落節奏，的確予人耳目一新的視覺效果。可是視覺的盛宴之後，只要回頭一問，那究竟有何重要性呢？尤其是麻美的角色，其實在電視版及劇場版中均如一，同時是附庸式的配角位置，這讓高手對決的兩人，在文本上早已屬不對等的位置——這一場的作用便被架空了。

## 劇畫分離？

我想借小焰與麻美對決這場重頭打鬥場面，來回省一下自己的小圓接受過程。最初雖然聽聞友人的強力推介，我卻一直提不起勁去看《魔法少女小圓》。最主要原因是「魔法少女」的類型，一向不是我的喜好，再加上人物的造型設計更令我心生反感，所以電視版最初的部分，我可說是以堅忍的態度令自己持續下去。

當然，我得承認即使在電視版中，視覺上的繽紛幻象早已啟動，同樣令人看得目不暇給，從字面上意義來說，也的確十分配合「魔法」世界的意象。但我相信絕大多數的觀眾，應該與我相若，對《魔法少女小圓》產生正襟危坐肅然起敬的態度，始於麻美的斷頭一幕。忽然之間，虛淵玄的真身出現了，令動漫迷興奮不已，黑色陰暗面的世界立即降臨展現。

自此之後，《魔法少女小圓》對我來說，是一次文本勝利的體現。簡言之，因為虛淵玄的陰冷世界設定，以及當中對人性的深刻認知，讓自己看得全情投入。也因為劇情出色，於是作畫風格也順理成章地好像成為不可或缺的配合環節，以為屬有機的統一結合。

可是這次看畢《叛逆的物語》，想法開始有所修正。更濃烈的感覺是文本與影像的分離可能，簡言之就是小圓世界的魅力，原來於我而言極大程度上屬於虛淵玄的文本設定構思，而影像風格其實可以區分出來獨立存在觀賞。所以一旦前者出了問題，後者先前所有的整合幻象，便好像魔女在劇場版中身處的虛幻結集般，同樣不攻自破而自行解體了。當然，可能只是我的個人問題，而我也僅在提出屬於自己的小圓接受過程變化而已。

## 「競先」代替「協同」

關於文本與影像之間的關係，我想以王家衛的《一代宗師》來加以對照說明。《一代宗師》文本上的複雜性，絕非王家衛的代表作，要說令創作人側目低頭的作品，肯定屬《東邪西毒》，後者劇本的豐盈度，可說是一次技術擊倒的示範，相信沒有甚麼人可以提出異議。

但《一代宗師》仍是不好多得的傑作，其中一大原因是文本上的發展，與影像上的美妙配合，令人刮目相看。這是一齣以功夫為中心的電影，所以文本上展現的世界是否成立及令觀眾取信，很大程度取決於影像上有沒有產生對應的能量，令觀眾可以徹底投入導演設計出來的世界中。因此梁朝偉是否有功夫底子從來不重要，關鍵是王家衛如何在影像上，讓我們對他作為一代宗師的高超武藝產生瞠目結舌的佩服之情。而在梁朝偉、章子怡乃至張震身上，王家衛毫無疑問均成功地令觀眾心悅誠服認同文本設定。在這重意義上，王家衛的《一代宗師》極為成功，正好因為文本內容與影像風格環環相扣，產生相輔相成的互動結合效果來。

回到小圓的世界，正如先前所言，小焰及麻美的漫長決戰，其實與動畫的主軸關係不深。甚至從另一角度而言，早已有不少資料指出，小圓的創作團隊在今次新篇的構思上，為不同角色花了多少心思，由服飾到武器等，均以何等一絲不苟的精神貫徹其中，務求帶來盡善盡美的效果。不過我想說的，正是各部門的精彩努力，恰好是以「競先」而非「協同」的角度營構，所以《叛逆的物語》屬一齣可獨立欣賞各部門優秀表演的作品，而非一有機整合的協同傑作。

## 文本的侷限

回到《叛逆的物語》，我想說的是虛淵玄的增潤發展，其實可說是掏空心思的設定。把小焰化為主角，將原來的陰冷世界進一步拓展，無論從任何角度而言，均可屬合適的選擇。虛淵玄把小焰由魔女化為惡魔，當中將大我與小我加以轉化而成為對立關係，情節發展上既符合邏輯，同時也滿足了網路世代的思考習性，屬於把個人自我無限擴大的投契設定，當然理應討好大部分的潛在支持者。

當然劇情發展上不可能沒有瑕疵，諸如糖果魔女成為魔法少女百江渚，又或是丘比及小焰的魔力究竟憑甚麼來測量及限定，凡此種種自然而然有很多值得質疑的地方，但於我來說不過是有限文本的蕪枝雜葉。

最大的感觸反而是虛淵玄歇斯底里地為小圓灌注新意，但在觀眾眼中出現的卻成為文本上的侷限。我得承認某程度喚起庵野秀明重釋《新世紀福音戰士》的聯想，所謂的新詮大抵難以脫離推倒先前既有的設定，然後再循正反合的辯證法思路去經營延伸下去。面對小圓的世界，虛淵玄也是以推倒昔日的自我為本，從而帶出小焰的魔王降臨式世界觀來令劇情有所「推進」。為了營造小焰的黑白易位，虛淵玄悉心設定小愛與大愛的對立，從而把小焰的魔性轉生合理化，而在轉化的過程中，也插入漫長的尋索過程，讓觀眾代入小焰的角色，去思考究竟想要一個怎麼樣的世界？是一個由他人設定提供的美好安樂窩，還是反正也屬虛妄幻境，不如乾脆由自己成為惡魔去編寫安樂窩的程式？哲學化的提升當然是灌注深度的努力，但回到原點就是仍是在既定的程序中去發展新詮。

而更令我一直提不起勁去寫劇場版感想的原因，正好在於我也想不出有怎麼樣的第三條路去繼續發展已有的小圓世界觀……

# 巨人進擊的議題

隨著《進擊的巨人》揭起的熱潮稍息，或許也可以較為冷靜的態度循不同角度去嘗試觀照巨人的點點滴滴。首先，據《進擊的巨人之謎研究考》（東京 Inforest 出版，二〇一三年九月）的考察，指出如果細心考慮巨人的構成，當中似乎也隱含與《新世紀福音戰士》千絲萬縷的關係。

## 新世紀與巨人

首先，最重要的一點在巨人的弱點設定上。巨人的生命力非常強韌，即使受到頭部被轟飛的攻擊也能在一、兩分鐘內再生。唯一殺死巨人的方法是攻擊後頸長一米、寬十厘米的地方（無論任何高度的巨人都通用），當此部位受到嚴重損傷後，巨人就無法再生並死亡，而死亡的巨人則會蒸發消失。後頸部分的生死關鍵，令人懷疑是否有任何操控者存在，而當中自然又不期然想起《新世紀福音戰士》的駕駛員想像。後者的駕駛員就等於EVA的脈動，而承載他們的Entry Plug正好設定在EVA的後頸，而EVA其實正是源自地球以外的「阿當」或「莉莉斯」之一「生命之源」的模擬版「巨人」。

當然，把後頸設定為巨人的死穴，從醫學角度也可以成立。但更重要的，是我們從甚麼角度去理解巨人的存在——用《新世紀福音戰士》去對照，顯然就是把巨人視為一種武器，而非一種生物角度去審視。就巨人是武器而非生物這一角度，我們容後再議。但循《新世紀福音戰士》的思路植入巨人世界觀的話，那麼把巨人視為全然的生命之源去理解也非不能想像的構思，一旦承接到巨人的遺傳因子，那麼人類巨人化的進路便可視作為回歸先祖的舉動了。而且《新世紀福音戰士》EVA與使徒之戰，也可視為由巨人而生成的人類與巨人化的巨人之戰的對照。

## 巨人是武器？

回到巨人是否是武器的議題。《進擊的巨人之謎研究考》提及一有力的原始依據，在「第0卷」的作品中，有提及巨人乃「宗教科學團體製造出來的」之設定。而從仍在連載中的作品推敲，一方面教人聯想到王政府與城牆教兩端與巨人之間的糾纏關係，同時也勾起艾連之父古里夏的角色，因為他是醫生也是把艾連巨人化的關鍵人物，而且明言巨人的秘密在家中的地下室內。從以上線索去延伸推想，巨人作為武器的想像也非空穴來風。

早在第一卷當教官介紹巨人的生態特徵，不少描述已隱藏背叛人類的人工物之義在內。巨人沒有生殖器，所以繁殖方法不明；不用進食來維持生命，捕食人類非為飽肚，同時對殺戮人類以外的生物毫無興趣——種種跡象顯示，它作為一種由人製造的武器，卻反過不受控制而獨立反擊的機會日趨可信。

循此角度去思考，據「第0卷」的出發點，則巨人乃屬宗教科學團體用來保護自然所製成的工具，用來把人類驅逐出大自然外，但不知發生甚麼緣故，於是巨人向人類作出反擊，一部分特權分子便逃遁至圍牆的最核心區域以保命，而他們也屬少數知道真相的人。

其中一個關鍵人物，當然就是尼克司祭。他是城牆教的神父，教義是把城牆視為神授的聖物，於是要作為神明般供奉崇拜。第八卷因捕獲女巨人時，得知高牆上有破洞，才把牆中藏了巨人的秘密曝光。第九卷中，尼克司祭也曾把城牆秘密託付給部分的貴族，於是正好呼應了原定兩道軸心——除了艾連地下室藏了巨人秘密外，另一巨人秘密的載體就是城牆了，也即是宗教和科學兩端的原發點。

## 巨人的軍國性？

我曾提及巨人的世界觀有一定的曖昧性。參照小說《坂上之雲》對《進擊的巨人》最大的刺激，正好在於戰爭曖昧本質的思考。日俄戰爭在日本國內同樣存在爭議，究竟那是帝國主義式的侵略戰爭，還是近代國家的守土自衛戰（戰場在中國的東北地區，但於此請先擱下中國人的身分，從日方角度去思考）？簡言之，就是艾連所執著的反擊戰，真的是一場自衛戰爭嗎？即使在艾連母親被巨人吞吃前，阿爾敏早已流露濃厚的出外闖蕩意欲，而艾連也深被此願景所吸引。

在回應入侵的前提下，大抵不難發覺巨人世界觀中或多或少存在一種自以為是受害者的情結——因為自己中立及愛好和平，才成為備受欺凌的對象，唯一的對策就是強化還擊！

更重要的，巨人正如其他的日本流行文本中，把家族本位的思識無限擴展延伸，成為一種合理及正義化的尚方寶劍。艾連母親被吃掉，而他視米卡莎和阿爾敏如家人，而父親古利夏更是賜予他超凡神力的源頭（注射藥物入他體內令他可成為巨人）——簡言之，家族自身已屬要保衛作戰的啟此原點。事實上，有趣的是在巨人的世界觀，巨人為何侵襲人類等基本資料，至今仍隱而不論，只留下零零落落的線索，供有心人重組。如果我們從逆向思維推斷，很明顯便見到巨人的世界中，奮起還擊乃屬不證自明的全然合理決定。自衛還擊的全然合理化，與受襲因由的虛無化及曖昧化，大家細心一想：真的是偶然的設定嗎？

比照《圖書館戰爭》的電影版，大家不妨又重溫一下這本暢銷名作，從而去聯想一下巨人的承接世界邏輯——關鍵詞：自衛。

## 秋山好古

關於《進擊的巨人》中皮克西斯司令的原型，是大日本帝國陸軍的秋山好古，相信也沒有甚麼疑竇，原作者諫山創在網誌中已承認。若把巨人的設定，與諫山創推崇的司馬遼太郎《坂上之雲》的世界加以對照說明，秋山好古正是小說中的一名重要人物角色。

從秋山好古現存的相片來看，當中滑溜溜的光頭以及上唇的鬍子，顯然都是人物設定的挪移標誌。再看多一些日本網站上的圖片，年輕時的秋山好古身高且體白，此所以與漫畫中原屬外國人身分的皮克西斯司令，更加有不謀而合的趨向。

部分讀者由秋山好古的身分，向諫山創提出是否軍國分子的詰難。在此不欲詳議，說到底巨人世界觀中有沒有軍國主義意識，也非從人物設定那麼表面化的觀察就可下定斷。

據《進擊的巨人之謎研究考》的說明，皮克西斯司令與秋山好古除了外型設計上的參考外，更重要的是一種行事風格上的取向。在漫畫中，皮克西斯司令的名言是，「如果被超絕美女的巨人吃掉，那也不是甚麼壞事！」這種不按常理的思維模式和率性而為的行事風格，似乎正是秋山好古的本質。據說在一九〇四年二月至一九〇五年九月的日俄戰爭期間，秋山好古只曾入浴兩次，身邊人均對他身上發出的惡臭怨聲載道，但秋山在被迫入浴之時，仍不忘咆哮：「我們不是因為戰爭而來的嗎？」一旦在入浴時被敵人攻擊，作為軍人的我們還有何顏臉？」而皮克西斯司令在第十一卷中爛醉如泥的場面，聞說秋山好古也是無酒不歡的戰將，此所以兩人的共通點大抵除了外貌還有以上的細節氣質部分吧。

# 水木茂的鬼太郎人生

近年來日本文化界不斷有巨星殞落，繼電影界的原節子後，漫畫界的妖怪大師水木茂也於二〇一五年十一月三十日以超過九十三歲的高齡離世。與原節子不同，水木茂一直沒有離開漫畫界，對於自己的「鬼太郎」人生可謂樂此不疲、終生馳騁。

回首一望，大師也可說是求仁得仁，按自己的意願走完自己的人生歷程。

## 真的是笨蛋嗎？

水木茂作為日本的妖怪大師，早已成為中外聞名的公論。Zilia Papp在《傳統妖怪肖像於動漫及日本電影》（*Traditional Monster Imagery in Manga, Anime and Japanese Cinema*）中，亦以一專章來論及水木茂的成就。他生於鳥取縣的武士世系家族，原名為武良茂，父親武良亮一是一名聰慧的銀行職員，而且對視覺藝術及文學均甚有興趣，更是出生地境港市第一位畢業於東京都的大學生，後來在境港市開設了第一所電影院，一心「把文化帶來境港」，甚至曾上映小津安二郎早期的電影。父親對文化的濃厚興趣，以及身體力行的推廣，令水木茂自幼已沉浸在相關的氛圍下，影響了他未來的人生路向。

水木茂在散文集《我真的是笨蛋嗎？》（一九七八）中，提及自己一向學業成績欠佳，尤其是數學及科學均特別差勁。再加上他又不斷逃學，周遭所有人包括父母都對他的未來不抱厚望。就在此階段，對他影響甚深的就是鄰人景山富美，又或是更廣泛地被稱為濃濃婆婆。濃濃婆婆是當地的「神婆」，寺廟的祝祭乃至鄰舍的供奉，往往都由她一力承擔。水木茂與她自幼親近，於是經年累月從她口中得悉各式各樣的妖怪傳說，由天井怪、嘗垢怪乃至海螺怪等等，彷彿已成為水木茂的好友。

身處戰前的鳥取縣，由於始終屬窮鄉僻壤，妖怪傳說幾乎已成為日常生活不可或缺的話題。從另一角度而言，因為生活條件的匱乏，百姓時常游走於生死邊緣，於是出入陰陽的神魔界線已不太明顯，甚至日常化至頗堪玩味的地步。水木茂自言身邊常有小孩因病逝世，也有朋友因上船出海作童工而葬身怒海，而濃濃婆婆的妖魔故事，正好提供一個角度，讓水木茂可以對周遭生死的事實，增加延伸想像理解的可能。

水木茂提及很早已親眼目睹生死，曾有一船隻在靠岸時發生爆炸，一名水手因而被炸死，由於已炸成碎塊，蛙人唯有下水逐一打撈。面對屍體殘塊，他不僅沒有絲毫害怕之情，且看得津津有味，直認成為他後來對怪談物語的原型基礎。當年水木茂的繪畫天分已嶄露頭角，他十三歲的時候，美術老師由木末雄已指出不相信他的畫作出自孩童的手筆，甚至私底下為他策劃了作品展。

為了更進一步掌握生死的形態，以及滿足他在繪畫上的天分追求，水木茂憶述自己會蒐集貓狗的骨頭，而且把牠們藏於抽屜。後來因為抽屜傳出的死亡氣息過分濃烈，於是被他母親察覺，母親大驚之下，把他所有的「珍藏」扔掉。但也由此可見水木茂對異色世界的興味，早已在孩提年代育成。

## 妖怪的揚名之路

水木茂對妖怪的情感，在另一本散文集《人生不可迴轉亂動》（二〇一〇）中，有進一步的說明。他直言鳥取縣滿溢妖怪日常化的生活風俗，讓自己很害易投入其中，如孩提時的理髮店，牆上可以隨便有一幅企鵝畫像，當中的超現實風格構成已足以令他雲遊大虛。而市內每一位老人家，只要一張口便說五十年前的某某某如何，忽然之間便轉而成為神怪場景，彷彿是自然不過的事。水木茂更笑言妖怪風盛行，也是一種教育上的策略手段，憶述曾因沒有把洗澡木桶擦乾淨，於是被訓話指妖魔將會在此出現云云，顯然就是令小孩學習自我管理的鄉土技倆。

水木茂也承認，他由衷相信妖怪世界的真實存在。尤其在細閱過去杰作之際，例如鳥山石燕的《百鬼夜行》，總覺得妖怪真的寄棲於畫中。事實上，他時常把柳田國男的《妖怪談義》置於腦海，當出現理解不到的妖怪，便會不斷思量，希望尋找出答案。又由於妖怪的住處在暗夜，所以他一直認為江戶年代，只要一離開家門便可墮進黑暗的街道深淵，正好屬孕育妖怪的溫床。與此同時，他因為曾參軍，所以在新幾內亞的逗留期間，也曾感覺過全無電燈照明，在全黑的世界裡，只有蟲鳥鳴聲相伴的闇黑宇宙，直言好像超越時空回到江戶，與妖怪同行為伴。

水木茂對妖怪的一往情深，終於為他建構出揚名之路。事實上，正如他妻子武良布枝在自白書《鬼太郎之妻》（二〇〇八）中，也指出水木茂的工作習慣一向晝伏夜出，晚上才是他的黃金時間，而她在趕稿的死線期前，也會抽空幫助一二，夫唱婦隨合作完成畫作。

在出租漫畫階段時期的水木茂，即使辛勤工作，仍僅出入於貧窮邊緣之間。武良有一生活細節的憶述甚好，她提到水木茂要她送稿給出版社，收到稿酬後要求買一些心頭好如咖啡之類。武良覺得奢侈，但水木茂的看法就是正因為生活艱難，在朝不保夕的情況下，今朝有錢即且快樂一會兒的生活態度，才是苛存度日的重要策略。

當然，故事的下半場不少人都耳熟能詳，隨著一九六八年《鬼太郎》被東映製成電視動畫後，日本流行文化即刮起一股猛烈的妖怪風潮。而《鬼太郎》於一九七一年也迅即被再度動畫化製作（一九八三年第三度動畫化，一九九六年四度動畫化）。與此同時，他開始不斷獲得公開的肯定，由紫綬褒章、旭日小綬章乃至東京都及調布市的名譽市民等加冕在身。

在他故鄉境港市，由一九八九年開始準備，終於在一九九三年完成了水木茂之路，上有二十三座妖怪銅像。同時ＪＲ也推出了「鬼太郎列車」，加上二〇〇三年也完成了水木茂紀念館，於是水木茂正式成為境港市的象徵標誌，成為漫畫迷及妖怪迷的朝聖之地。

回首一生，水木茂的人生路當然不平坦，但與妖怪的緣分終其一生不變，且在光環中離開人間，人生若此，當無遺憾。

# 後記：後三一一的日本夢心路重構

就算最保守的推量也有三十年了，我們這一代六〇後的中年漢（也即是台灣慣稱的五年級生），對日本的興趣乃至熱情已持續了好一段歲月。嚴格來説，日本夢的勢頭也確實經歷起伏顛簸。我不下一次表明自己並非原教旨主義式的日本迷，七〇年代雖然也有《錦繡前程》（即《俺たちの旅》）、《排球女將》（即《燃えろアタック》）、《幪面超人》（即《假面騎士》）、《鹹蛋超人》（即《Ultraman》）乃至《哥斯拉》等流行文化的致命誘惑，但我的中毒契機始於八〇年代，而且亦與當年風靡一時的流行歌手如近藤真彥及澤田研二等無涉，反而是老掉牙的黑澤明及小津安二郎等巨匠導我上路。九〇年代初往日本留學，我一直面無愧色向日本友人説乃因小津而來，那大抵就是個人的日本夢起點。

八、九〇年代的而且確是日本洪流的黃金歲月，一浪接一接的日劇，由月九到野島伸司乃至野澤尚，令人看得目不暇給。不少人誤以為當年的日劇浪潮，與今天的韓流大同小異，以為《太陽的後裔》不過是《東京愛情故事》的異代同質產物。我認為不過屬一重美麗的誤會，日本流行文化的魔力從來在其異質多元化上，此所以一系列月九劇的影響力，其實與《大搜查線》乃至三谷幸喜筆下的《古畑任三郎》系列等不遑多讓，而我們的日本夢也一直在主流與邊緣兩端游走，即使主流中光譜也疆域遼闊，你我各取所需樂在其中。

可是九〇年代也是波濤詭譎的年代，一九九五年的阪神大地震以及地下鐵沙林毒氣事年，早已成為日本盛極而衰的重要座標。事實上，隨著泡沫經濟的爆破，加上各式各樣的社會問題逐一浮現，當中如單身寄生蟲、援助交際、禁室培育、無差別殺人、繭居族、御宅族（宮崎勤事件）乃至個別駭人聽聞的變態凶案（酒鬼薔薇聖斗事件）等等，迫使到海外華人的日本夢，必須從流行文化及消費文化的範疇，或多或少把關注焦題，轉移至社會民生層面的視角。由衷而言，日本觀察也由那時那刻變得更立體豐富，一方面是文化產物與社會現實的互動痕跡更為明顯，另方面日本社會問題的全球化（或者至少東亞化的傾向已牢固生成），作為海外的「日本迷」，似乎已不能停留在以前的置身事外旁觀者角度看下去，無論如何大家好像都需要更新自己的立場或理由，才可以繼續「日本」下去。

也正因為以上的背景，有好一陣子，我的日本書寫，也是以審視日本，預警中港的模式進行。面對大量的日本社會問題，日本夢的內容也不得不加以調適——或許日本仍是彼此樂此不疲的旅遊目的地，可是一旦要由虛入實成為在地的日本住民，便難以去除對以上種種文明病的憂慮。

雖然作了預警，但文明病的流播不可能輕易喊停。日本的援助交際風潮，得力於電訊系統的有力配合，令人人得以成為賣淫的個體戶，今天觀看如 WeChat 的軟件發展，加上「搖一搖」的功能襄助，同樣問題已有充分的社會條件支援。台灣接連發生無差別的殺人事件，更加予人日本文化病正式登陸的憂慮。

可是我仍悲觀地樂觀，因為華人社會的家庭本位意識，始終較日本社會強得多，那大抵仍是對抗文明病變的最要基石之一。日本的家庭本位意識，其實是費了數十年的「努力」，才將它一點一滴盡情破壞。客觀條件之一，是日本的城鄉差異甚大。我是香港人，香港是一有城無鄉的要塞都市，和日本的城鄉對照鮮明可謂截然不同（這一點不適用於台灣及中國內地）。正因為此，日本人一旦「上京」後，自然成為孤絕分子，客觀條件上容易陷入無援作繭的境地。加上日本家庭的解體，其實由七〇年代的中產家庭開始瓦解（父親長期不存，周日工作或打哥爾夫球成為定則），於是一旦蔓延開來全面崩潰，就真正有「全民化」的基礎，影響極其深遠。反過來說，香港目前當然面臨大大小小類近的社會問題（青少年濫藥問題的曝光，援助交際的「登陸」等），但整體上由內而外均一致肯定的家庭本位價值，對個人主義不同程度的懷柔打擊，以及一家人同住的經濟環境條件約制，某程度都延緩了文明病變的細胞分裂增生速度。

好了，那是否代表日本夢已成了負資產，大家望而生畏呢？雖然目前韓流當道，但日本夢的分崩離析，顯然又與現實不符。大家心中的日本夢，又變成了甚麼樣子？一方面日本民眾在災難後的應變文化，開始令我們大開眼界，自九五鉅變後，日本的志工文化已迅速萌芽生根。福島核災以及最近的熊本地震，我們看到的是民間社會的迅速自救，甚至連熊本也因為有知事蒲島郁夫這位熊本熊之父守護，令人感受到由民間回到建制的應變改善。此外，日本近年在各地展示的地方改革再生計劃，竭力把傳統文化特色保留，再思考生存下去的可能性，更加是如我輩般的海外旁觀者之參考示範對象。

那麼今時今日的日本夢變成了啥模樣？於我而言，就是不再懼怕日本——恰如人生，必有起伏，即使易地而處，不犯日本的文明病，不見得中港台等地就可以無風無浪安穩下去。社會經濟起飛，人欲自然氾濫，現實層面生活風險可能提高，但錯綜複雜的環境又正是創作上的甘泉土壤。到頭來就好像一段老掉牙的愛情告白，要麼就好壞全盤接收，繼續在顛簸中思量起伏；要麼就早早掉頭各行各路，將來錯過了無盡風景也不要諉過於人。

今天我的日本夢體會成了甚麼？日本在細節。

也唯其如是，我們才可以臉不紅耳不赤地怡然自得追夢下去。

# 書目索引（按作者筆畫）

## ★書／漫畫


三浦展
《下流社會》，高寶，2006。

小野不由美
《屍鬼》，尖端，2004。

水木茂
《鬼太郎大全集 1~10》，尖端，2013。
《我真的是笨蛋嗎？》，圓神，2013。

平坂讀
《我的朋友很少》，尖端，2011。

有川浩
《圖書館戰爭》，台灣角川，2008。

吉田修一
《地標》，麥田，2007。
《橫道世之介》，新雨，2011。
《平成猿蟹合戰圖》，新雨，2013。

辻村深月
《請殺了我》，春天，2014。

伊坂幸太郎
《蚱蜢》，獨步文化，2007。
《LUSH LIFE》，獨步文化，2008。
《瓢蟲》，獨步文化，2012。

西尾維新
《化物語》，尖端，2010。
《傷物語》，尖端，2011。
《偽物語》，尖端，2012。

村上春樹
《1Q84》，時報，2009。
《沒有色彩的多崎作和他的巡禮之年》，時報，2013。
《沒有女人的男人們》，時報，2014。

村上龍
《69》，大田，2004。
《接近無限透明的藍》，大田，2008。

角田光代
《尋找幸福的遊戲》，台灣角川，2006。
《對岸的她》，麥田，2008。
《第八日的蟬》，高寶，2009。

東川篤哉
《推理要在晚餐後》，尖端，2011。
《放學後再推理》，新雨，2012。

岡田斗司夫
《阿宅，你已經死了！》，時報，2009。

武良布枝
《鬼太郎之妻》，新雨，2011。

奈須蘑菇
《空之境界》，尖端，2010。

高野和明
《種族滅絕》，獨步文化，2013。

朝井遼
《聽說桐島退社了》，貓頭鷹，2013。
《何者》，貓頭鷹，2014。
《少女不畢業》，貓頭鷹，2014。

諫山創
《進擊的巨人》，東立，2011。

## ★影片／動畫


AKB48
《AKB48 夢想起飛》，2011。DVD：台聖，2013。
《AKB48 永遠在一起》，2012。DVD：台聖，2013。

山田洋次（導演）
《東京家族》，2013。DVD：廸昇數位影視，2013。

山崎貴（導演）
《永遠的 0》，2013。DVD：采昌，2014。

石井裕也（導演）
《宅男的戀愛字典》，2013。DVD：得利影視，2013。

永井聰（導演）
《菜鳥評審員》，2014。DVD：采昌，2014。

佐藤信介（導演）
《圖書館戰爭》，2013。DVD：台聖，2013。

松岡錠司（導演）
《深夜食堂》，2015。DVD：台聖，2015。

原惠一（導演）
《百日紅》，2014。DVD：絕色國際，2015。

宮崎駿（導演）
《風起》，2013。DVD：博偉，2014。

宮藤官九郎（編劇）
《小海女》，2013。

宮藤官九郎（導演）
《中學生圓山》，2013。DVD：飛擎，2014。

細田守（導演）
《跳躍吧！時空少女》，2006。DVD：銘成，2007。
《夏日大作戰》，2009。DVD&BD：曼迪傳播，2010。
《狼的孩子雨和雪》，2012。DVD：銘成，2013。
《怪物的孩子》，2015。BD：傳影，2016。

庵野秀明（總監督）
《福音戰士新劇場版：Q》，2012。DVD & BD：銘成，2013。

湊佳苗（編劇）
《往復書簡：二十年後的作業》，2012。DVD：台聖，2013。

新房昭之（總監督），虛淵玄（編劇）
《魔法少女小圓劇場版——叛逆的物語》，2013。

新海誠（導演）
《言葉之庭》，2013。BD：悅鈞，2013。

溝口健二（導演）
《雨月物語》，1953。DVD：位佳，2016。

蜷川幸雄（導演）
《蛇信與舌環》，2003。DVD：絕色國際，2010。

蜷川實花（導演）
《惡女羅曼死》，2012。DVD：絕色國際，2013。

國家圖書館出版品預行編目（CIP）資料

殘酷日本 / 湯禎兆著 . -- 初版 . -- 臺北市 : 奇異果文創 , 2016.06
248 面 ; 14.8×21 公分 . --（緣社會 ; 8）
ISBN 978-986-92720-4-9（平裝）

1. 流行文化 2. 次文化 3. 日本

731.3 103025986

緣社會
006

殘 (9F6B)
酷 (8D93)
日 (93FA)
本 (967B)

作　　者　湯禎兆

美術設計　蘇品銓

總 編 輯　廖之韻
創意總監　劉定綱

法律顧問　林傳哲律師　昱昌律師事務所

出　　版　奇異果文創事業有限公司
地　　址　臺北市大安區羅斯福路三段 193 號 7 樓
電　　話　(02) 23684068
傳　　真　(02) 23685303
網　　址　https://www.facebook.com/kiwifruitstudio
電子信箱　yun2305@ms61.hinet.net

總 經 銷　紅螞蟻圖書有限公司
地　　址　臺北市內湖區舊宗路二段 121 巷 19 號
電　　話　(02) 27953656
傳　　真　(02) 27954100
網　　址　http://www.e-redant.com

印　　刷　永光彩色印刷股份有限公司
地　　址　新北市中和區建三路 9 號
電　　話　(02) 22237072

初　　版　2016 年 6 月 16 日
初版二刷　2019 年 3 月 15 日
I S B N　978-986-92720-4-9
定　　價　新臺幣 320 元